这次会用批判性思维了

［日］顾彼思商学院 / 著　张叶秋晓 / 译

图书在版编目（CIP）数据

这次会用批判性思维了：修订第 3 版 / 日本顾彼思商学院著；张叶秋晓译 . —— 北京：华夏出版社，2019.8

ISBN 978-7-5080-9719-0

Ⅰ . ①这… Ⅱ . ①日… ②张… Ⅲ . ①思维方法 Ⅳ . ① B804

中国版本图书馆 CIP 数据核字（2019）第 049965 号

GLOBIS MBA CRITICAL THINKING [KAITEI 3 PAN]
by Graduate School of Management, Globis University
Copyright © 2012 Graduate School of Management, Globis University
Simplified Chinese translation copyright © 2019 by Beijing HuaxiaHejun Books Company
All rights reserved.

Original Japanese language edition published by Diamond, Inc.
Simplified Chinese translation rights arranged with Diamond, Inc.
through Eric Yang Agency

版权所有，翻印必究。
北京市版权局著作权登记号：图字 01-2019-2223 号

这次会用批判性思维了（修订第 3 版）

著　者	日本顾彼思商学院
译　者	张叶秋晓
责任编辑	黄　欣
出版发行	华夏出版社
经　销	新华书店
印　刷	三河市少明印务有限公司
装　订	三河市少明印务有限公司
版　次	2019 年 8 月北京第 1 版 2019 年 8 月北京第 1 次印刷
开　本	720×1000　1/16 开
印　张	17.75
字　数	220 千字
定　价	59.00 元

华夏出版社　地址：北京市东直门外香河园北里 4 号　邮编：100028　网址：www.hxph.com.cn
若发现本版图书有印装质量问题，请与我社营销中心联系调换。　电话：（010）64618981

前　言

本书是 2005 年 11 月出版的《新版 MBA 批判性思维》的修订第 3 版。《MBA 批判性思维》第 1 版于 2001 年 3 月开始发行，十多年间，在日本商务人士之中不断普及。新旧版合计印刷 26 次，读者超过 20 万人，一度成为日本畅销书籍。

在顾彼思开展 MBA 在职教育培训的过程中，我们发现广大商务人士有着共同的弱点，这便成了开设"批判性思维"课程的契机。自 1992 年顾彼思创立以来，我们通过课程项目与企业培训，为广大学员提供了学习"市场""会计""金融"等管理所需的知识体系的机会。在课堂上，我们主要采用的是"案例教学法"，即以"企业案例"（描述某一企业面临的实际情况）为题，让学员在讨论"如果自己是该公司的管理人员，应该怎么办？为什么？"的过程中进行学习。

在此过程中，学员如果想要进行有效的讨论、实现学习成果的最大化，不仅需要具备理论、案例的相关知识，还需掌握看清问题本质的逻辑思考能力。同时，要能将思考的过程与结果以通俗易懂的方式传达给他人，面对不同意见时能客观地分析出分歧产生的原因，这些能力也很重要。

但是，在任课的过程中我们发现，即使是优秀的商务人士，他们上述的能力也有欠缺，或许是因为日本的学校教育总是以"背诵"为主。在这样的背景下，我们开始摸索"商务人士必须具备的、在商务一线真正对他们有帮助的思考能力究竟是什么"。"批判性思维"课程便由此诞生。

以电脑为喻，"市场""金融"等一般的 MBA 课程知识是商务人士开展商务活动时的操作系统（OS）。但是，不管安装了多么好的 OS，如果没有中央处理器（CPU），电脑就无法顺利运转。这里的 CPU 便是批判性思维。学习商务知识、理论固然重要，但所学的知识、理论如何应用到具体情况中，还需依据个人判断。同时，批判性思维课自开设以来，报名者有增无减，也让我们深感"思考能力"的重要。

为了满足这些强烈的需求，我们在本次的修订版中介绍了更多商务人士实际直面的情景，希望能进一步提升实用性。此外，我们也参考了本书以往版本的读者意见以及商学院、企业研修学员的意见、反馈。

主要修改的地方包括对书本内容分了章节，将其主要分为"整理思绪、构建信息""情况分析""案例分析（综合练习）"三部分。

在第 1 部分"整理思绪、构建信息"中，我们说明了对某一论题应抱有怎样的想法，应如何按照一定的步骤、方法组建信息。具体说来，我们分别在第 1 章"搭建宏观的理论框架"与第 2 章"逻辑推理"中介绍了思考方式的整体情况，讲明合理的逻辑推理应该是怎样的。虽然第 1 章中的金字塔模型与第 2 章的内容都是以本书新版的内容为基础，但我们在第 1 章的第 2 项"应该思考什么：论题与框架"中补充了更多的内容。

在第 2 部分"情况分析"中，我们就应如何准确、全面、深入地分析现状进行了解说。第 3 章"把握现状"主要是讲如何把握、解释现实情况，而第 4 章"因果关系"主要是介绍应如何对现实情况背后的原因进行结构性的把握。尤其是在第 3 章中，除了新版中介绍的"MECE"思考方法，我们还新增了"应站在怎样的角度分解对象""分解之后应着眼于哪一点来进行解释"等内容。相应地，在此次修订时，我们删去了以往版本关于框架、逻辑树、解决问题的步骤等方面的内容。因为这些内容在其他领域的书籍中也有介绍，而且商务人士对这部分理论知识的需求，多半并不迫切。

此外，本次修订版还特别添加了第5章"假说与验证"作为"补充论述"。这部分内容是在商务实战中特别需要学习、了解的，所以特别设置为新的1章。

除了结构性调整，在案例、练习方面，我们也用更符合当下现实的内容取代了原先过时的内容。尤其是每章开头的案例和最后的练习题，全都换上了新的内容。

最后，我们想对协助编写本书的各方人士表示感谢。可以说，本书的内容是在每一次商学院、企业研修的批判性课程中锤炼出来的，是大家认真讨论的结果。为此，我们想对所有参与这一过程的讲师、学员、运营人员表示感谢。同时，我们也想再次感谢日本钻石社哈佛商业评论编辑部的木山政行副主编，感谢他在整个过程中给予了我们全方位的意见。

我们衷心希望本书能让更多人看到，让大家觉得有参考价值，这便是我们最大的心愿。

顾彼思商学院

目录

序　章　批判性思维的要素与基本方式 / 001
批判性思维是什么？ / 004
1……思考的重要性 / 004
2……批判性思维是什么？ / 008
3……批判性思维的三大基本态度 / 012
4……批判性思维的三大方法论 / 015

整理思绪、构建信息 / 019
第1部分　序

第1章　搭建宏观的理论框架 / 023
1……宏观的理论框架 / 028
　　（1）宏观的理论框架是什么 / 028
　　（2）搭建理论框架所需的步骤与"金字塔模型" / 029

2……应该思考什么：论题与框架 / 032
　　（1）思考、敲定"论题" / 032
　　（2）思考"框架" / 035

3……让思考更有逻辑的小道具：金字塔模型 / 040
　　（1）实现理论框架化的方法：金字塔模型 / 040
　　（2）将理论搭建为金字塔模型的步骤 / 043
　　（3）将金字塔模型转化成文章 / 050
　　（4）搭建宏观理论框架的"诀窍" / 054

4……练习问题 / 064

第1章总结 / 069

第2章　逻辑推理 / 071

1……演绎型思考·归纳型思考 / 078

（1）推理的模式 / 078

（2）演绎法 / 081

（3）归纳法 / 086

（4）演绎型思考与归纳型思考的关系 / 089

（5）分析逻辑推理 / 091

2……逻辑推理的核对点 / 095

（1）错误的信息 / 095

（2）隐含的前提 / 098

（3）跳跃的逻辑 / 102

（4）规则与案例的错误匹配 / 108

（5）轻率的一般化 / 112

（6）不恰当的采样 / 116

3……练习问题 / 121

第2章总结 / 128

情况分析 / 129

第2部分　序

第3章　把握现状 / 133

1……把握现状是什么？ / 137

2……把握现状的基本步骤 / 141

（1）基本步骤①：分解出构成要素 / 141

（2）基本步骤②：多方面把握分析对象 / 148

（3）为把握整体及其构成要素各自特征、倾向的视点 / 152

3……练习问题 / 165

第3章总结 / 170

第4章　因果关系 / 173

1……因果关系的把握 / 177

（1）把握因果关系 / 177

（2）因果关系是什么 / 179

（3）思考因果关系的步骤 / 184

（4）良性循环与恶性循环 / 190

2……正确解开因果关系的关键点 / 200

（1）基于直觉进行判断 / 201

（2）遗漏第3因子 / 204

（3）因果关系的错误判断 / 207

（4）最后的稻草 / 210

（5）真正的目的不为人知 / 215

（6）手段的目的化 / 217

（7）意料之外的副作用 / 218

3……练习问题 / 221

第4章总结 / 226

第5章　补充论述：假说与验证 / 227

1……假说是什么 / 228

（1）假说的定义 / 228

（2）假说在理论框架与分析中的重要性 / 229

2……建立假说 / 232

（1）假说与验证的步骤 / 232

（2）在思考的基础上建立假说的效果 / 238

3……要建立"好假说",我们需要什么?/ 240

　　(1)"好假说"是什么 / 240

　　(2)如何才能建立"好假说" / 242

　　(3)如何创造建立"好假说"所需的环境 / 245

4……验证的注意点 / 246

　　(1)过度收集事实 / 246

　　(2)过度追求精准 / 246

　　(3)收集信息的陷阱 / 247

　　(4)解释与判断的陷阱 / 247

　　(5)过度追求肯定的结果 / 248

第3部分　　案例分析(综合练习)/ 251

后记 / 269
参考文献 / 273

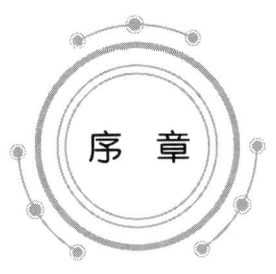

序章

批判性思维的要素与基本方式

案 例

　　NS是一家销售办公设备的中型企业。今天,公司召开销售部部长会议。会议主席为董事会执行董事、总公司销售部部长芹田宗治。出席会议的还有另外四名成员,他们是(日本东、中、西部)三大地区的销售部部长以及总公司的销售支持部部长。

　　今天会议的议题为"新年度销售战略"。三年前,公司作出了"增长客户拜访量"的经营决策。与前年相比,去年的客户拜访量增长了20%,销售业绩也随之稳步提升。但是,今年的客户拜访量只比去年增长了5%左右,销售业绩也与去年持平。为此,新年度具体应采取怎样的措施予以应对,成了会议的主题。

　　由于销售业绩未达预期,会议出席人员也无心寒暄,会议可以说是在凝重的气氛中开始的。

　　首先发言的是中部地区销售部部长小林久惠。

　　"在我们负责的地区,客户拜访量可以说是稳步提升,相比去年大约增长了20%。但从其他地区的数据看来,似乎大家都处于苦战的状态,是有什么难处吗?"

　　此时,略显焦躁的东部地区销售部部长平山俊哉发言了。

　　"除了中部地区,其他地区的情况的确堪忧。我们需要采取相应的措施改变这一局面啊。"

　　于是,西部地区销售部长森本刚也开始说了起来,似乎在推卸责任。

　　"最主要的问题是,我们每次上门拜访的时间太长了。所以,解决问题的关键在于如何缩短每一次上门拜访、面谈的时间。"

"我赞成提高面谈效率这一观点。其实,年轻销售人员的访问量是在不断增长的。但是,老销售人员们的业绩却几乎没有提升。所以我认为,要解决问题可能还要从这里入手……"

此时,生怕插不上嘴的小林久惠也开始响应了起来。

"在我们部门,老销售人员还是发挥了很大的作用,尤其是在一些难度极高的案例当中。一味说年轻销售人员比较好,是不是有点欠妥?"

对此,森本表示理解并回应道:"原来如此。那这样一来,关键就在于如何在事前充分准备好给客户的建议以缩短面谈时间,以及根据困难程度决定负责人员吧。做好这两点,客户拜访量也一定会有所提升。"

之后的讨论也是如此,与会人员各说各话,总公司销售部长芹田则是抱着胳膊面露难色。在讨论结束之后,芹田埋怨道:

"然后呢?所以你们讨论的结果就是这两点?通过改善提案内容来提高面谈效率,根据项目难度来决定人员配置……这就够了吗?"

"还有部长说'我们负责的地区已经在这两方面采取了行动,应该没什么问题'……"

"虽然的确是要基于各个地区的特点予以更细致的应对,但一般来说,前边提到的两点内容——在事前充分地准备好向客户建议的内容以缩短面谈时间以及根据困难程度决定负责人员,是大家共同面对的问题。"

"虽然各位的积极讨论十分精彩,但都只是在说各项目负责人应该如何如何改善。你们作为各地区的销售部长,应该更积极主动地考虑一些更高层次的内容。比如考虑到最终目的,大家应该讨论一下如何增加订单总额啊。"

> 批判性思维是什么?

1. 思考的重要性

我在学校、企业研修等场合接触过众多听课学生发现,能够彻底进行"思考"的人并不多。也许很多人会认为,"思考这种事,大家从记事以来就一直在做啊"。但仔细回想一下便会发现,大多数时候,即使我们想要好好思考,思考的方式也是不合适、不充分的。

上面的销售部长会议案例便是如此。原本应该就"在销售额停滞的情况下,应采取怎样的销售策略改变现状"进行具有"大局观"的讨论,但最终只停留在以延用旧销售方针为前提的"如何增加顾客拜访数量"这一讨论上。即使会上讨论的内容都是大家真实的意见、思考结果,但正如芹田部长所指出的,这些内容视野过于狭隘、内容过于贫乏,不应该是以经营战略为议题的销售部长级会议上讨论的内容。

这样的例子还有很多。大家有没有遇到过这样的情况?

①在某一综合超市中,A店的销售额出现了下降趋势。此时,作为惯用手段,销售部长往往会让销售负责人发传单,宣传打折信息,以此来吸引顾客。但这样做之后,不但顾客人数没有大幅增长,减价反而带来了更大的冲击,店铺销售额不增反跌。

②刚进公司没多久的 B 向课长递交了第二天要给客户的提案书，请求课长审核。课长看了之后却说："这完全没法用！明早之前改好！""请问是哪里有问题呢？"B 战战兢兢地问道。换来的只是课长的一句"我说不行就是不行！"B 由此便陷入了苦恼，不知究竟该从哪里着手修改。

③在策划促销活动的相关会议上，大家正在对新产品 C 的市场战略进行讨论。当有人提到利用电视广告进行宣传的战略时，大家便开始讨论起应该请谁来代言。结果，会议便陷入了某一电视剧请了男演员 D 担任主演之后收视率得到大幅提升的火热讨论之中。该会议可谓毫无产出地告终。

对于身处商业社会的人来说，恐怕谁都有过上述的经历。究其原因，都是"思考方式不当"或者"思考不够充分"。

首先说例①。虽说都是销售额下降，但其特征是多种多样的：有的表现为特定商品的销售额不断下降，有的则是某一消费群体到店频率的下跌，还有的表现为周末销售额的极度下跌。由此可见，它们的成因也是多种多样的：有可能是因为商品不齐、服务态度不好等 A 店自身的原因，也有可能是因为顾客需求以及竞争对手战略的改变。如果能对这些结果、原因进行细致的分析，在此基础上思考对策，会议的结果一定会有所不同。

在例②中，部长基于自身的经验、直觉，得出了"提案书不好"的结论。但是，没有深入思考"为什么不行"使得他无法为 B 指明修改的方向，予以指导。因此，B 只能在第二天的销售活动前不断试错、不断修改。虽然 B 在这个过程中也能学习，但实在没法说效率高。同时，若是销售结果不理想，对企业来说也会是一大损失。如果部长能够在日常工作中为员工准备一份"检查清单"一样的东西，B便能得到更有效的指导，也能更有自信地上门拜访客户。

在例③中，会议的本来目的应为制定出有效的促销策略，但实际上却陷入对某一电视剧的热烈讨论之中。这一结果不仅偏离了本来的目的，也浪费了宝贵的时间。

●━ 反思我们的思维方式

批评别人很容易，但反思自己却很难。为了对自身的"思维方式"进行反思，首先，我希望各位能够思考一下以下这个案例。

电视新闻报道，在某一问卷调查中，针对"圣诞节最想收到什么样的礼物""圣诞节准备送什么礼物"这两个问题，最多的回答是"去平时不怎么有机会去的餐馆吃饭"。某男看了这篇新闻之后心想："在特别的日子里，去特别的店，与爱人共进特别的食物，这果然是任何时候都会让人开心的事啊。"于是，他对妻子说："我们偶尔也去海边的餐厅吃个饭吧。"结果妻子却无动于衷。当他在公司里与同事们讨论这件事时，发现大多数人都有过类似的经历。

为什么会出现这样的情况呢？

因为在这一案例中，问卷调查的前提十分不明确。"去平时不怎么有机会去的餐馆吃饭"，的确，如果收到了这样的邀请，会很开心，而且很多人也确实会有这样的计划。但是，能否将其作为参考，很大程度上还取决于该问卷调查的对象以及调查是在什么样的场合下进行的。比如，调查对象是情侣还是夫妻，答案就会有很大的区别。

关于那些看似极具说服力的问卷或统计结果，若是不对其前提等要素加以确认，就轻易地将其作为自身行动的依据，实际上是很危险的。

请大家再思考另外一个案例。比如，某家公司最近劣质商品不断增多。对此，应该采取怎样的对策呢？请比较以下 A 和 B 的两种解决方式。

◎ A 的对策

"近来，劣质商品不断增多"→"为什么？"

➢ "检查疏漏似乎较多"→"强化检查机制"

◎ B 的对策

"近来，劣质商品不断增多"→"为什么？"

➢ "检查疏漏似乎较多"→"为什么检查疏漏较多？"

➢ "检查人员的能力下降"→"为什么检查人员的能力下降？"

➢ "因为检查的技术、经验没有得到传承"→"为什么检查的技术、经验没有得到传承？"

➢ "因为检查的技术、经验没有书面化"→"为什么检查的技术、经验没有书面化？"

➢ "一直以来，大家都在这方面形成了某种默契，没有意识到将其书面化的必要性。但是，随着不久前两位年长的核心员工离开团队，相关的技术、经验也由此流失"

➢ "拜访离开的两位核心员工，将他们的技术、经验书面化"

由此可知，相比只是简单地问答了一次的 A，不断追问了 5 次的 B 更有效地逼近了问题的本质。顺便补充一句，丰田公司也高度鼓励这种连续 5 次追问"为什么"的行为。B 的对策与丰田公司的案例经常被书刊等各种大众媒体刊登也不无关系（参见本书第 197 页的专题）。

在这里我想让大家记住这一点：当我们遇到一个问题时，不要马上做出回答，要仔细地考虑，刨根问底，直逼问题的本质。换句话说，也就是要"用正确的方法、站在正确的高度思考问题"。这样一来，我们便能想出直接解决问题的对策，萌发出别人想不到的、与众不同的想法，工作也会因此一下变得高效、愉快起来。"用正确的方法、站在正确的高度思考问题"——在这一过程中，批判性思维做出了巨大的贡献。

2．批判性思维是什么？

在这里，我想要跟大家介绍一下什么是"批判性思维"（Critical Thinking），它也是这本书书名的一部分。Critical 原本意思是"怀疑的、批判的"。Critical Thinking 若是直译，便成了"批判的思考"。日本已经出版了一些关于 Critical Thinking 的书籍，其中大多数都将其理解为"具有全面的批判精神的客观思考"。有的书籍是以认知心理学学者的视角，从心理学的角度对其进行总结，也有的是对"思考陷阱"（容易犯的错误）进行了总结。

本书在保留了上述"具有全面的批判精神的客观思考"这一含义的基础上，将重点放在"有利于商务人士开展工作"，而非深入心理学研究领域对其进行解读。具体说来，即通过结合逻辑思维的方法论（技巧与框架）与正确的思考态度（思想准备），力求在商务领域中实现"用正确的方法、站在正确的高度思考问题"。

这些方法与态度都是我们通过观察商务一线、经营管理教育一线的商务人士的思维方式所得出的结论。这些内容将告诉大家，为了提高工作产出，我们需要做些什么。

❖— 批判性思维的重要性

在这里，我想和大家再度确认批判性思维受到关注之后获得强烈追捧的背景。在我们所经营的商务培训学校，自"批判性思维"开课以来，报名学生人数可谓一路攀升。截至2012年4月，东京、大阪、名古屋共有37000人参与该课程的培训。

如今，商务领域开始谋求新的价值供应、新的战略方法，加上现代社会对效率的重视、信息获取方式的便利，往日的成功经验早已不再适用。在这样一种背景下，若是盲目地遵循前人经验、套用模板，或是单纯地对信息进行加工而无法提供任何附加值，便难以逃脱在竞争中被淘汰的命运。"为什么会是这样？""这说明了什么？""话说回来，为什么有必要思考这个问题？自己现在必须考虑什么？"在迅速变化的时代，已经有越来越多的人开始意识到，不断思考这些问题是十分必要的。

❖— 通过批判性思维把握机会

从另一方面来看，这样的变化也是一种机遇。过去无缘成功的人或许能够通过运用批判性思维，实现"用正确的方法、站在正确的高度思考问题"，并由此获得成功的机会。

比如，在构思新业务时，谁若是能对"为什么这一业务能在日本大获成功，在其他国家却不行？""虽然已经有人对该业务未能在国外成功开展的原因进行了解释，但他们说的话对吗？我们是不是过于盲目地相信他们的判断？""在国外获得成功需要具备哪些条件呢？"等问题进行深入思考并得出相应的结论，新业务的成功率必然很高。

同时，批判性思维还有利于加强沟通，提高沟通的效率与效果。到目前为止，日本企业的人员流动率仍然较低，商务合作的对象也相对有限。因此，我们与不同地位、不同想法的人进行沟通的能力或许并不需要很强，很多事情心照不宣或是依靠默契也能解决。但是，随着人员流动加剧，不仅日本国内企业之间，日本企业与国外企业开展商务也日渐成为理所当然的事。

这样一来，我们甚至需要把以往放在心里不用说的话也说出来。或者说，我们需要在不断相互揣测的"理所当然"的过程当中，建立共识。若是最终无法说服对方，无法理解对方的逻辑，便无法开展交易，批判性思维也会在这一过程中发挥巨大的作用。

"用正确的方法、站在正确的高度思考问题"与权力、地位无关，任何人都可以接触、掌握这种思维方式。批判性思维可以说就在每个商务人士的身边。包括上述事例在内，批判性思维的具体优点可归纳如下：

- 可以萌发出前所未有的构想
- 可以注意到一直以来被忽视的机会、威胁
- 可以正确把握对方想要表达的内容及其发言的前提
- 可以有效地推进会议、讨论的展开，促进团队更好地做出决策
- 可以更好地对下属进行培训（Coaching）[1]，提高下属游说、交涉的能力

---

[1] Coaching 起源于20世纪70年代初的美国，是从日常生活和对话、运动心理学及教育学等发展出来的一种新兴的有效的管理技术，能促使受训者洞察自我，有效激发个人及团队潜能并发挥整体的力量，从而提升企业的生产力。——译者注

> **知识点：是逻辑性思维，还是批判性思维**
>
> 　　经常有人问我们，为什么用"批判性思维"而不是"逻辑性思维"来表达。在这里，我想要指出的是，人们经常会抱有这种"确信"，即"如果按照逻辑去思考，那最后一定只会得出一个正确答案"。在"批判性思维"中，有逻辑地进行思考也很重要，是"批判性思维"的一大要素。但若是使用了"逻辑性思维"一词，很多人便会觉得只有逻辑思维最重要。
>
> 　　在商业世界中，很多问题的答案不止一个。很多情况下，推论的前提也是因人而异的。比如，有人会以利益为导向采取行动，而有的人则会以道德作为最高准则。此外，即使是同一个现象，其解释也会因时机、场合而有所不同。比如，本年度的销售额比目标低了2%。有人会觉得大事不妙，也有人会觉得"现在经济不景气，这也很正常"。由此，各自的结论也会有所不同。
>
> 　　如今，每个人都有自己的一套"逻辑"，问题的前提、背景也在不断变化，以往的道理早已不再适用。由此，我们需要在保证逻辑正确的基础上，不断思考"如何更加客观地看待事物"才比较妥当。考虑到这一点的重要性，我们采用"批判性思维"来表达。

　　在接下来的内容中，我将对构成"批判性思维"的三大基本态度以及三大思考方法论展开介绍。关于三大思考方法论，我们在本书的各对应章节会展开详细的说明。而三大基本态度由于是贯穿全书的理念，我们无法对其分开叙述。所以，还请各位一定把接下来的这部分内容放在心上。

3. 批判性思维的三大基本态度

和体育竞技一样，只靠掌握每一个技巧并不能创造出好成绩。只有当我们用态度这一核心理念来支撑时，技巧才能发挥出应有的作用。

那么，作为批判性思维基石的三大基本态度指的是什么呢？（1）时刻意识到自己的目的是什么；（2）思考时要意识到自己、他人的思考都会带有各自的坏毛病；（3）不断追问（见下图）。

批判性思维的三大基本态度

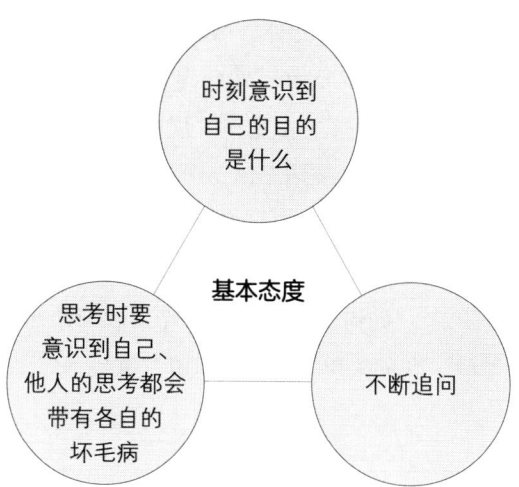

希望大家在阅读本书时能够把这三大要点牢记于心。事实上，这三大要点会以各种各样的形式出现在本书中。比如，"时刻意识到自己的目的是什么"与第1章第32页"思考、敲定'论题'"直接相关，它还会再次出现在第1章第43页"将理论搭建为金字塔模型的步骤"的第一步以及第232页的补充论述当中。因此，它是所有思考技巧的基本态度。另外两大基本态度也是如此。

这三大基本态度，希望大家在日常的思考时也能将它们放在心上。做到这一点，思路便一定能得到充分的梳理，思考也能具备一定的深度与广度。

（1）时刻意识到自己的目的是什么

这一点正如字面意义，指的是在对某一事物进行思考时，我们需要明确"是为了什么思考"。换句话说，也就是紧贴论题。

在开头的案例中，就方向而言（尽量从头开始考虑），首先要考虑的是如何才能提高销售业绩，而非如何提高拜访顾客的效率。在讨论完方向性问题的基础上，若是发现了"顾客拜访量是关键"，所讨论的内容才开始具有意义。

为了进行正确的思考，我们首先要养成不断反问自己的习惯——"我现在思考的内容有意义吗""真正的目的会不会在别处"。若是偏离了思考的目的，只关注问题的局部，毫无侧重点地对问题的各个方面都进行讨论，便难以全面解决问题。

要做到不偏离目的，一大秘诀就是：在开始思考时设定自己的"目的地"（所期望得出的结论）。

（2）思考时要意识到自己、他人的思考都会带有各自的坏毛病

意思是，我们在思考的过程中要时刻意识到，自己或者他人在进行思考时都会有各自的坏毛病。任何人在思考时都会有一个"不言而喻"的前提——个人价值观以及过去的经验教训。若是在沟通或者解决问题时不注意这一点，讨论便永远不会在一个频道上，也难免会在非常狭隘的范围中努力寻求相应的解决办法。

让我们来设想这样一个场景：某项目的负责人想诱导大家得出应采用方案 A 的结论。其实大家都认为还存在其他有价值的方案，但是不敢说。于是，最后得出的结论还是采用负责人所希望的方案 A……

为什么项目负责人想要让大家得出应采用方案 A 的结论呢？也许是因为之前他采用了方案 B 但失败了，由此深信方案 B"难以操控"；抑或是之前采用了方案 A 而大获成功，由此深信"方案 A 是最好的办法"。像这样，虽然这位负责人自己可能并没有意识到，实际上很有可能从一开始，他就给自己设定了"理所当然"的前提，只认定方案 A。在这一过程中，若是有人能问一句"为什么方案 B 或者 C 不行？""这理由妥当吗？"最终结果可能就会变为 B 或者 C。方案 A 若是能出成果自然无妨，但若 B 或 C 真的是更好的选项，该公司选择方案 A 便可能造成巨大的损失。

要认清以上这种思考时的坏毛病，尤其是要注意到自己思考时那些难以意识到的坏毛病，秘诀就在于：把自己当成客体，客观地看待问题。换句话说，也就是要以旁观者、第三者的视角看待自己。在此基础上，也可以试着问自己："我的判断是否受到了个人价值观、喜好、思维定式的影响？"

若是能客观地看待思考时的坏毛病，讨论时出现分歧、答案出现遗漏等现象便会大幅减少。同时，由于知道自己的想法本来就不一定都正确，或者说很有可能存在偏颇，就会进行相关的探讨，通过与他人对话，通过接触与自己不同的视点，更有建设性地改善自身的想法。批判性思维绝不是为批判他人或是赋予自身结论正当性而存在的。

（3）不断追问

不断追问指的是，即使认为自己已经得出了某一结论，也不应就此停止,仍应继续思考。此时需要问自己的问题是:"So what"(那又怎样,这说明了什么)"Why"(为什么)以及"True"(真的吗)。"So what"有助于我们逼近问题的本质,"Why"有助于我们发现原因,对结论的前提进行确认,而"True"将有利于我们确认是否存在误解。

比如,对于"加班很多"这一结论,我们通过思考"为什么"便会得出"时间期限很短,任务繁重"等答案。若是进一步思考,便有可能得出"委托方想要留出缓冲时间,因而故意缩短期限"这一答案。接下来,还要继续追问"为什么""这说明了什么""真的吗"。这样一来,便有可能发现一直以来没能发现的问题,注意到谁都没有注意到的机会。即使是看上去理所当然的事情,若是能不断地追问下去,也会有意外的发现。同时,通过不断追问,我们还能养成思考的习惯,培养思考的能力。

4. 批判性思维的三大方法论

接下来,我们来说一说三大方法论。三大方法论指的是,结构性的理解、解决方式,具体包括:(1)在把握论题的基础上思考"思维框架";(2)正确地展开逻辑;(3)把握结构与机制。

(1)在把握论题的基础上思考"思维框架"

一旦确定目标,就能在某种程度上看到思考的方向。而为了进一步聚焦于思考的要点,就需要考虑"哪些事项能帮助我们达成目标"。在这种情况下,比起立刻就用具体的名词进行思考、描述,我们最好还是试着用一些概念性的表达,以此大致把握应该思考的要点。比如,业务开始混乱是

"什么时候"，"谁"最混乱，"什么"业务发生了混乱，"为什么"发生了混乱等。通过使用这些抽象词汇思考，我们能够逐渐明确该如何把握事物的整体情况。

正如您可能意识到的，为把握整体情况的"框架"实际上是套用了"5W1H"（何时、何地、谁、做什么、为什么、怎么样）。"5W1H"是我们思考事物时用得最广泛、最基础的思维框架。此外，还有一些有效的思维框架。比如，在市场营销领域经常会用到"4P"思维框架，即"Product"（产品）、"Price"（价格）、"Place"（销售场所、渠道）、"Promotion"（宣传）。这些有名的思维框架，若能依据不同目的恰当地使用，就能发挥非常大的作用。

若是无法套用上述的通用框架，我们则需自己进行思考。比如针对"买笔记本电脑时应该考虑到哪些要素"这一问题，我们可以列出"价格、性能、大小、安装的软件"等。若是要考虑聘用销售负责人的标准，则可以列举出"经验、沟通能力、产品知识、体力"等。

"目的"不同，列出的要素（思维框架）自然也不同。但无论如何，关键之处都在于，要用"框架"紧紧地把握"对哪些要素进行思考才能实现思考的目的"。关于这部分内容，我将在第 1 章中进行详细说明。

（2）正确地展开逻辑

这一点指的是，要认真细致地思考，怎样才能让自己的文章或发言讲通一个"道理"，让自己的主张有说服力。因为道理若是说得通，主张便会有说服力。

比如，有人提出"成果主义的业绩评价方式不适合本公司的发展"。逻辑展开指的便是对这句话的前提、背景进行说明。在这个例子中，其背景可以是"虽然成果主义具有一定的优点，比如能让更多人意识到出成果的重要性，但也会导致不公平的现象蔓延，导致员工只关注短期成果从而产生负面影响。并且，其带来的负面影响将大于积极影响"。

展开逻辑的方式具体可以分为"演绎法"与"归纳法"两类。换句话说，无论多么复杂的内容，都是由这两种逻辑思维组合形成的。有些问题虽然看上去很简单，但其中往往包含着许多陷阱。若是能够掌握逻辑思维的方法，对写报告、发言、交涉等商务场合中的沟通都十分有用。在本书第 2 章中，我将分别介绍这两种方法以及在运用时易犯的错误。

（3）把握结构与机制

就实际情况而言，仅仅关注每一部分的内容无法帮助我们把握全局。另一方面，只是笼统地把握整体内容，也难以让我们深入地理解问题。为什么这么说？因为现实世界是由众多不同的部分复杂地组合而成的。为此，我们不能对问题进行极端地简化，也不能仅从表面现象去理解问题，而是要在将问题进行细致拆分之后，把握住各部分背后的关联性，从结构上对全局进行把握。这才是我们需要掌握的思维技巧。

首先，我会在第 3 章中介绍应如何从各个角度对这个由众多部分组合成的现实世界进行分析，如何理解整体"结构"。而在第 4 章中，我将介绍因果关系的相关思考方法，以帮助大家理解我们所看见的现象背后的机制。

本书虽有助于各位提升思考效率，但要高效地进行思考，仅凭阅读本书自然是不够的。即使是看了书、"理解"了书中所介绍的内容，思考能力也不会因此得到飞跃性的提升。想真正地提高思考能力，我们就要养成思考的习惯，在日常生活中不断地进行训练。因为，只有实践才能让"不能"变成"能"。

本书介绍的内容，说到底也只是方法论、基本态度以及熟练掌握批判性思维的练习方法。能否形成批判性思维，还取决于各位在日常生活中是否会积极地展开实践。还请各位一定通过本书提高自己的思考意识，使思考成为一种习惯，勤思考！

第 **1** 部分

整理思绪、
构建信息

第1部分　序

在各种商务场合中开始思考、撰写材料时，您是否经常会任由思绪发散，随意写下自己的想法？结果要么是"没完没了地思考那些没必要思考的内容，反而遗漏了核心内容"，要么是"不知道自己想要表达什么，或是知道想要表达什么，但却对自己写的内容表示怀疑，没有自信"。

事实上，不论是文章缺乏条理，还是口头表述时偏离重点，根本原因都在于"没有理清思绪"。换句话说，当我们想要针对某一内容发表意见时，若不事先在心中认真细致地思考，形成一定的条理，便难以传递出有意义的信息。

当然，有些情况需要我们打破思维的约束，自由地畅想，由此获得瞬间的灵感。此外，无论对话唇枪舌剑还是节奏顺畅，跟上对话的内容往往更要紧，导致我们没有时间仔细整理思绪。在这种情况下，即使出现了"未经细致思考的信息"，也不应该受到批评。

但在商务领域，很多时候，还有更多的场合，需要我们做出重要决策，指明未来的业务发展目标以及让他人参与到行动中来。所以，从成果的重要性角度看，以上场合，不管你掌握了多少写作、演讲的小技巧，若是要传递的信息并非基于条理清晰的思考，其贡献度也是十分有限的。

在这些情况下，为了能够"有条理、有逻辑"地进行思考，我们需要搭建一个能够把控全局的"宏观的理论框架"，与此同时，适当地将各部分的逻辑串联在一起。

●—● 第 1 部分的构成

在第 1 章中，我将针对"搭建宏观的理论框架"的含义展开说明。首先，我将通过第 1 章第 1 项的内容，让大家对理论框架建立一个整体的印象。在此基础上，第 2 项将是对"论题"以及"框架"的解说。"论题"与"框架"可谓理论框架的筋骨。而在第 3 项中，我将进一步通过具体事例来对"金字塔模型"进行说明。金字塔模型是我们细化理论结构的一件重要工具。

在第 2 章中，我将对具体的动脑方式（演绎型思考与归纳型思考）进行介绍。这两种方式既是金字塔模型的一大要素，也是我们在事实、信息等论据的基础上进行解读、发表主张时所需运用的。

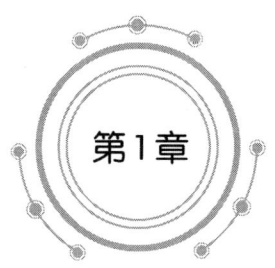

第1章

搭建宏观的理论框架

案 例

在序章的案例中，我们提到过 NS 公司的销售支持部，小山由希是该部门的一名员工。她的直属上司、经理外田恒夫下达了这样一个指示："小山你这么年轻，一定会有新鲜的视角和很多新颖的想法。所以你想想，为了高效地开展业务，我们销售支持部应该提供怎样的帮助？"为了做出好的提案，小山询问了同期入职的销售负责人和前辈，也参考了销售支持部以往的工作案例，可谓干劲十足。考虑到外田经理追求思考的条理性、逻辑性，小山将结论写在了提案书的开头，并分类分项列出了各种各样的信息，以使整个报告书显得更有条理，她的提案书如下：

文件名称：如何提高销售效率

提案人：销售支持部　小山

关于您提出的应如何提高销售效率的问题，我经过一定程度的调查学习，通过采访一线销售负责人及参考过去的调查结果，得出了以下结论，特向您报告。我认为：从结论来看，需要给一线的销售负责人配备平板电脑终端[①]。

记

【采访销售负责人】

针对本次调研，我认为听取一线销售负责人的心声，了解他们的

---

① 平板电脑展示设备。——译者注

实际感受十分重要。为此，我采访了几位熟识的销售负责人。

①首先，在对我们公司、其他公司的多位销售负责人进行采访的过程中，我发现他们均使用Z公司生产的平板电脑终端设备。这让我深感，虽然涉及的业务有所不同，但平板电脑似乎成了所有销售一线的必备品。为此，我将这一点放在开头叙述。

②当然，基于"现地现物主义"①，我本人也前往家电商城体验了Y公司、Z公司所生产的平板电脑，觉得操作顺畅、体验良好。尤其是Z公司的平板，其优良的使用体验甚至让人想购作私用。

③此外，据我们公司的王牌销售员、K销售所的大岛所言，笔记本电脑虽然更加轻薄，但由于开机速度慢，不适合用于对顾客展示、说明产品，相比之下用纸质材料更方便。综合考量，平板设备最为合适。

④很多时候，销售人员需要在上门、现场推销的过程中同顾客确认产品信息、技术手段等。在这种情况下，带着又厚又重的宣传册十分不便。此外，技术手段也在不断发生细微的变化。为此，许多销售人员都在本次采访中表示，希望这方面的问题能够得到解决。我个人也觉得这一问题十分重要。

【调查过往案例】

接下来，我将对过往销售一线的相关调查结果进行报告。

⑤有信息显示，就客户的期待而言，有意见认为：我们公司销售负责人所提供的服务，不论质量还是数量都低于其他公

---

① 现地现物，指的是亲自到现场以了解实际情况。——译者注

司。从这一点也可以明确地看出,我们需要购入平板设备终端,作为新型产品展示的标准配置。

⑥进一步的事实证明,随着近年来 ICT 技术的发展以及顾客需求的日趋复杂,在过去两年中,我们公司 7 成的主打产品都经过了 7~8 次的技术改进。

⑦此外,从销售一线的反馈看,为了准备、印刷资料,每次都要在上门拜访前或是空余时间专门回办公室处理,负担很重。

⑧同样,为了登录公司内网录入信息,调阅参考相关资料,销售一线的人员也必须在上门拜访前、空余时间甚至是每天下班后回到公司登录相关系统。他们表示这也增加了工作负担。

【其他相关信息】

⑨Y 公司是由备受尊敬的该集团总公司董事长 Y 创办的,是一家历史悠久的最佳企业[①]。为销售一线员工配备该公司的产品,能提高他们的干劲。

⑩朋友就职于 Z 公司,通过向他间接询问价格了解到,若是能大批量购买该产品配备给本公司的销售一线人员,每台设备可享受 × 万日元的折扣。此外还有一些其他的优惠。

以上

---

① 最佳企业,指美国经营企业顾问彼得斯和沃特曼的著作中定义的超优良企业。具备 8 种性质:重视行为,贴近顾客,重视自主性和企业家精神,在考虑人性的基础上提高生产率,基于价值观的实践,维持成为基轴的本业,单纯的组织和小型总部,严格而宽容的管理体制。——译者注

小山满怀自信地将这份提案书发送出去。第二天，她收到了正在出差的外田经理的回信。内容如下：

"辛苦了。提案书写得很不错。但是，关于为什么需要平板电脑，论据、逻辑还不够明确。这一点我当时应该跟你说清楚的，不好意思。无论如何，现在先在这些内容的基础上重新思考，试着重写一份吧。想一想销售一线具体是哪个环节不够高效？该问题是否能够通过平板电脑解决？顺便也跟别的解决方式做个比较。等我出差回来，我们再继续讨论。"

1 宏观的理论框架

(1) 宏观的理论框架是什么

在商务领域,要使某一想法或文章"有道理",必须满足以下三个条件。

①正确把握论题——归根结底应该思考论述什么

"是出于什么目的进行思考?""最终应判断出什么?""应传达什么?"——在把握思考目的的基础上,明确设定自己应该思考论述的"设问"并直接回答。

②搭建无遗漏的框架——列举回答论题所必要的论点

为了对论题这一大问题进行回答,我们需要思考、判断哪些论点(框架=更为具体的一系列设问)是必要的,并在把握的过程中避免疏漏。在此基础上,对每一个论点直接进行回答。

③明确地回答论题和框架(设问),以适当的论据为支撑

对于论题和框架(设问),我们要以明确的答案进行回答。并且,该回答应基于对信息的正确分析、解释,不仅要罗列出各种各样的事实、信息,

而且要在明确回答论题"设问"的同时，确保逻辑连贯，并以正确的论据为支撑进行解释。

满足以上三个条件，明确呈现对论题的回答（与决策有关的信息）及相关论据，这便是我们说的"搭建宏观的理论框架"。

（2）搭建理论框架所需的步骤与"金字塔模型"

对于许多人来说，仅在脑中构想如此抽象的步骤是十分困难的。为此，我们需要将"思考论题""思考框架""从足以作为论据的信息中推导出合适的答案（解释、主张）"整理成如图表 1-1 所示的"金字塔模型"。借助"金字塔模型"，我们便能直观而一目了然地检查自身思考的合理性、完成度，方便地与他人交流和共享信息。这种方法被称为"金字塔模型"，换句话说，它是帮助我们进行逻辑思考的"道具、工具"。

在咨询公司等注重逻辑、帮助客户进行决策的公司中，"金字塔模型"可以说是制作文件的标准风格。

在日本，我们经常使用的是起承转合（序破急[①]）的传统叙事结构。而金字塔模型是与此完全不同的结构。

将结论放在金字塔的顶端，往下依次列出支撑该结论的信息。当我们需要基于烦琐、复杂的实际情况，讨论并得出某个结论时，这种结构可谓简单易懂。

---

① 序破急：指事物的开始、中间与结尾，文章结构的序、破、急分别指开头（绪论）、正文（破题）、结尾（结论）。——译者注

图表1-1 金字塔模型

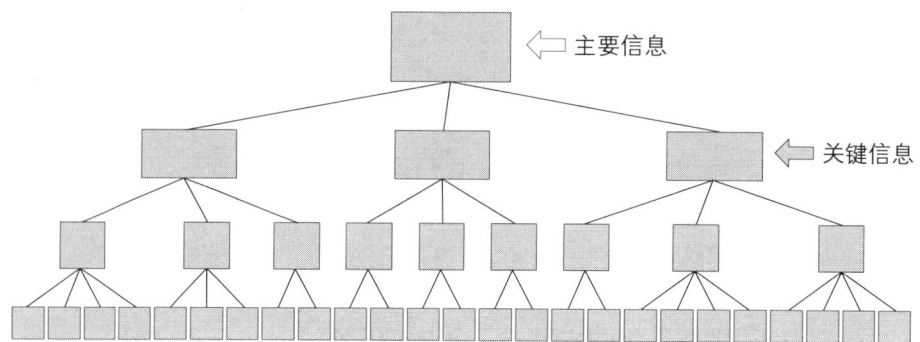

出处:《新版思考技术 写作技术》,芭芭拉·明托(Barbara Minto)著,日本钻石社出版

追本溯源,"起承转合"来自唐诗的创作理论。由此可知,该结构适用于散文创作,很多时候并不适用于逻辑性文章的撰写。与此相对,金字塔模型自发明起便以提高文章的逻辑性为目的。它必然更适用于商务报告等逻辑性强的文章。

利用金字塔模型搭建"理论框架"的优点

商务人士在组织中所处的位置(与职位无关)越关键,责任越重大,需要给出意见、做出判断的场合也就越多。并且,在这些场合中,他们不能套用固定的模型,将必要事项填进相关表格就完事,而是要明确地提出自己的主张。为什么要这样?因为相关主张在通过提案、指示、传达、委托等形式传递给他人(上司、同事、下属、交易方、一般消费者)的过程中可能会逐渐失去效力,对他人态度与行动的影响力也会不断减弱。

为此,我们不能随意表达自己的想法,而是要进行有说服力(所说的内容条理清晰、能够令人信服)的沟通。反过来说,若是逻辑上存在漏洞、理论框架不能让人信服，不仅会导致说服力大打折扣，还可能招致对方反驳。此外，只是罗列事实、信息也是不合适的。因为这种方式不够友好，很难做到通俗易懂。不过与此相比，毫无根据、逻辑跳跃的解释更难被对方接受。总而言之，若是无法根据自身的判断作出条理清晰的回答，便很难有效地改变对方的态度与行为。

这种"思考理论框架"的思维方式不仅是我们独自进行判断时所需的思维方式，更是我们在向他人说明自身想法、主张时所需的。反过来说，如果听者"总觉得不能接受""难以理解"，多半是因为我们的理论框架不够严密。

因此，在思考理论框架时使用金字塔模型，可以为我们带来以下两大好处。

第一，当事人检查自身理论的合理性更容易。

第二，听者可以更容易理解说话人是基于什么样的逻辑得出相关结论的。

也就是说，通过金字塔模型将理论结构可视化，说话人与听者都能更容易地检查出逻辑中是否存在跳跃、遗漏、牵强附会。并且，不论听者对该结论赞同与否，该主张都能顺利地被理解和落实到实际行动中。

为了在难以得出结论的情况下也能推导出合适的答案、说服他人、推动决策过程以及决策的具体落实，希望大家一定要掌握"利用金字塔模型搭建理论框架"这一技巧。

（在本章第 3 项，我将对金字塔模型进行更为具体的说明。）

2 应该思考什么：论题与框架

（1）思考、敲定"论题"

在开始思考之前，我们有必要明确思考的目的，并在此基础上，将"我们应该思考、讨论什么""最终需要明确的问题是什么"设定成"论题"。此处的"论题"指的是"应该"思考的东西，而非"想要"思考的东西，亦非"容易"思考的东西。

举个例子，假设我们需要从 A 公司或 B 公司中的一家购入所需零件，此时的"论题"即为"我们应该从其中哪一家采购零件"。在日语中，"issue"可翻译成"论点、议题、课题、需要探讨的内容"等多个义项，但在本书中，希望您能将其理解为广义的"应该思考、讨论什么"。

⊶ 为什么"论题"很重要

看了上述例子，您可能会觉得我说的都是"理所当然"的空话。但在实际的商业活动中，很容易发生这样的情况，即在没有明确"论题"的情况下便开始思考、落笔、发表言论。想一想，您或您周围的人，是否发生过以下的情况。

· 在会议中，喋喋不休地谈论听者毫无兴趣（或是与听者的兴趣点关联

性低）的内容
- 在调查某项内容时，陷入无休止的调查，分析与结论毫无关联（或是关联性低）的信息

为了避免这样的事情发生，很重要的一点是，在开始思考之前就充分地思考、明确"论题"，即"说到底应该去思考、讨论什么"。"论题"是我们思考的出发点，若是偏离了这个出发点，不管之后多么严密地搭建推理过程，都毫无意义。

⚫━ 紧贴"论题"

再者，即使在一开始能够明确"论题"，也很容易在之后思考、讨论的过程中遗忘"论题"，完全离题或跑偏。因此，虽说一开始就能明确"论题"很不错，但在之后的过程中也不要掉以轻心。在思考的过程中不时确认是否偏离"论题"，坚持全程紧贴"论题"十分重要。为此，在思考"论题"（疑问）的时候，顺带也应思考一下该"论题"的答案可能会是什么样的，预先对答案有一个设想。假设"论题"为"是否应该加入新市场"，便应设想到答案会是"应该加入"或"不应该加入"。

⚫━ 对论题进行具体思考

在商业领域，我们需要思考、对话、解决的都是具体的商业问题。因此，在思考论题时，我们不应将其抽象化，而需思考该问题在商业领域中的具体情形，带着具体的情境进行思考。

专题：合理地设定论题

很多人可能没有意识到，合理地设定论题其实很难。我经常和学生交流，他们中很多人认为，不论在什么情形下都存在一个"唯一正确"的论题，但这样的情形不多见。正如在解决问题时，我们所希望实现的"事物应有的样子"也不是唯一的。有人说"相比解决问题（解决课题），设定问题（设定课题）会更难"，这话也可以套用到论题的设定上。

比如，您正面临这样一个问题：本来招聘时让您抱有期待的公司职员 A，工作不怎么上心，现在甚至有传闻说他在考虑跳槽。作为上司的您觉得他年轻，依然对他抱有希望，可现状是他的行为破坏了公司的工作氛围。此时，假设您设定的论题是"怎样才能激励 A 努力工作"，没问题吧。

若是狭隘地看，这个论题一定不算错。但除此之外，还有可能出现"怎样才能提高包括 A 在内的全体员工的生产效率"这样的论题。或是以更高的视角俯瞰该问题，比如将"什么样的工作经历对于我、对于公司，乃至对于 A 本人都是有利的"作为论题。如果将后者设定为论题，A 的人生轨迹很可能就此发生重大改变。

如此一来，论题会因立场、视角的高度，所设想的时间轴的长度不同而千差万别。虽然人们认为论题的设定应站在高处、拥有长远的眼光，但如果站得过高，设定出的论题抽象程度过高，脱离具体决策、无法实行的可能性也会增大，比如将本次论题定为"在今后的 100 年中，我们公司应该如何作为，以对世界有所贡献"。企业经营者在空闲时思考这样的论题或许有一定的价值，但对于忙碌在生产线上的员工来说，这一论题未免过于空泛。

综上，希望您能在"正确的论题并非只有一个"的前提下，从各个角度进行全面的分析——究竟需要认真思考哪些内容，对个人或企业才是有意义的。

（2）思考"框架"

论题敲定之后，我们有必要对回答问题所需的、无遗漏的"框架"进行思考。此处的框架指的是"为了回答论题而必须考虑、判断的要点与论点的组合"。我们可以试着说一说"要对这一论题进行判断，只需判断 A、B 与 C"，看看能否令人信服，框架的严密性通过感觉来确认即可。此时，如果产生"为什么从 A、B 与 C 进行判断即可得出结论""不用考虑 D 吗"等疑问，或者觉得有违和感，则说明框架不够严密。

换言之，相比论题这一"大疑问"，框架就是"更具体的（细微的）疑问的组合"。通过解答框架内的每一个"疑问"，便能自然而然地接近论题的"疑问"。（答案不一定会自动浮现，但我们能因此更容易地对论题进行解答）。

比如，论题是"应该从 A、B 中哪一家公司购入某种零件"，那我们在构建思考框架（为决定供应商而必须考虑、判断的要点）时，就应想到"该公司产品在功能、品质方面能否达到本公司标准""价格是否合适""是否能保证按时、稳定的供货"等。在对以上框架内容进行判断后，再决定供应商。

◆→ 为什么框架很重要

若不设定框架便盲目地开始思考"论题"，很容易陷入以下情况。

- 仅根据偶然了解到或手边已有的信息得出结论。或者仅仅通过不同的信息或表达方式，反复得出同样的论点。结果只能局限于已有论点。（容易导致论点的缺漏）
- 只提出有利于自己的论点。（论点偏颇）

- 与论题无关或关联性低的信息多,难以理解。(内容混乱)

以刚才提到的"应该从 A、B 哪一家公司购入某种零件"为例,假设负责人经过讨论需要向领导汇报,上述错误情形所分别对应的情况可能如下。
- 因为可以马上获得 A、B 公司零件的信息,便仅仅基于这部分信息的比较得出结论。
- 因为自己倾向于 B 公司,便只将 B 公司占优势的成本信息拿来横向比较,得出 B 公司更合适的结论。
- 详细调查了 A、B 公司的成立时间、所在地、公司人数、核心职员、股东构成、过往几年的财务报表等,比较后发现两公司各有所长、各有所短,因而无法得出结论。

以上的任何一种结论,您的上司可能都不会认可。为了避免这一情况,我们需要在明确论题之后,认真思考"应该掌握哪些内容来构建框架"。这样一来,就明确了"思考的线索",即"我们需要什么信息,基于这些信息我们可以判断出什么(得出什么论点)",此后再收集、整理、分析、解读信息,就都能高效地进行。并且,这也有利于保证论点不偏不漏,进而有利于最终决策。

思考没有"遗漏"的框架

在思考框架的时候,有必要保证不遗漏重要的论点。并不是说存在唯一的正解,而是希望您能意识到以下方面。
- 不管结论(YES/NO)是什么,我们应该思考的论点都是"需要去思考什么"。

- 不要仅局限于列举小论点。要在列举论点（将其作为框架内容的备选）的同时，着眼于论点间的相似性（类似的内容）与因果关系（可得出同一结论的内容），由此进行"整合"，得出更大的论点。比如，尝试总结"这些论点可以共同说明的是……"
- 思考出一些论点之后，尝试论点的"追加"。比如，询问自己"回答出这些论点就能够回答论题了吗？还有其他应该考虑到的论点吗？"（需要特别提醒的是，我们要意识到会有相左的意见，想象一下对方可能会从哪一点反驳。）
- 参考已有的框架。比如"心技体"（判断能力、技术、体力）、"市场营销的 4P"（产品、价格、渠道、促销）、"利润＝销售额－成本"等。（但是，如果您在运用这些框架时没有充分理解"这一框架是为了思考什么而建立的"，反而会因此忽略应思考的论点，导致混乱。因此，需要注意。）

思考与论题直接相关的框架

即使能思考出没有漏洞的框架，若该框架与论题的直接关系微弱（并非直接关系），也会导致我们丢失与论题关系密切（拥有直接关系）的论点。

假设我们的论题为"是否应该退出 A 业务市场"，我们基于"市场营销的 4P"对其进行思考。乍一看您可能会觉得，这一框架能从"产品""价格""渠道""促销"这几方面对 A 业务市场的战略进行全面思考。但是，当我们对照"是否应该退出"这一原本的论题，便发现该框架只能覆盖"本公司应如何应对 A 业务市场（业务所属的市场）"，而对于决定"是否应该退出"的重要论点（比如能否从该市场盈利，能否继续在竞争中取胜等），我们却完全忽视了。

为了防止发生这样的情况，在思考"论题"时，我们需要尽可能地以"提问"（问句）的形式进行具体的思考、表达。比如，在上述例子中，要始终围绕论题"是否应该退出 A 业务市场"展开，如果只是停留在"A 业务市场怎么样""A 业务市场该怎么办"这样弱相关性的论点上，便很难注意到"市场营销的 4P 不是与本次论题具有直接关系的框架"。

●— 在沟通时，搭建切合对方关注点的框架

将思考的内容与他人进行沟通（主张、传达、说服）时，论题与框架固然重要，还需特别留意"这一框架是否与听者的关注点切合"。

我们在就某项内容与人进行沟通时，难免会陷入拼命"传达"的状态。结果，在沟通过程中，从头到尾都在说自己想说的内容。如果认为自己的结论是正确的，这一倾向会更加强烈。

然而，沟通的目的并非说自己想说的话、驳倒对方，而是通过沟通获得对方的理解、认可，甚至唤起共鸣，进而让对方能够采取我们所期待的行动。因此，以沟通为目的思考框架时（比如，撰写报告、提案等），我们有必要从沟通对象的视角来换位思考。

这在以文沟通时尤其重要。在口头的沟通（发言等）中，如果听众对内容存疑或感到不自然，我们当场就能感受到，也许能临时进行补充。但如果是通过文章进行沟通，若让读者感到疑惑或是不自然，文章的说服力当时就会下降。因此，尽早展现切合读者关注点的框架，让读者从第一印象开始就消除疑问与违和感十分重要。

您可能会觉得我所写的内容都是理所当然的内容。但在现实生活中，这些其实都很难做到。设想一下，有一家公司开发了新产品。在向零售店说明该产品的时候，新销售经常犯的一个错误，便是没完没了地说明商品

的特征。比如在介绍速食食品时，他们会没完没了地介绍食品的味道、成分、材料以及烹调方法等，一个劲儿地想展现该产品的优点。

但是，站在零售店的角度，他们想了解的一定不是如此详细的食品说明。他们最想了解的，大概还是可以赚取多少差价、预计销量等信息。这样一来，首先应该传递给他们的信息便是"卖得出去"。作为论据，或许可以适当说明产品，但没有必要没完没了地介绍产品明细。与此相比，若能介绍一下与其他公司的产品的对比情况、试销结果，效果似乎会更好。除此之外，更有必要向零售店强调的是，广大消费者已通过广告与促销活动对该商品有所了解（因此，他们会主动上门购买）。

综上所述，考虑交流对象的需求，思考以什么样的内容才能回应对方的关注点十分重要。在沟通中，听众（读者）就是一切。希望大家能抓住沟通对象的关注点，基于他们的关注点构建逻辑。

3 让思考更有逻辑的小道具：金字塔模型

（1）实现理论框架化的方法：金字塔模型

至此，我们所谈论的"论题"与"框架"都是思考后认为需要回答的问题。换句话说，它们相当于理论框架的骨架。接下来我们要做的，便是思考如何回答这些问题，即"从信息中导出能成为理论依据的答案（解释、主张）"。

为了搭建理论框架，我们需要经历三个步骤。而为了让这三个步骤可视化、便于检查，就需要用到"金字塔模型"这个工具，这也是接下来我要介绍的内容。说到金字塔模型，其思考方式本身简单易懂。但是，若要在实际情况中熟练地掌握用法，还需要充分的训练。在这本书中，我将通过具体的案例予以解说。与此同时，我也设计了一些练习问题，还请大家在看书的同时也勤动手、勤动脑，实际地体验、感受我所讲的内容。

金字塔模型与文章

首先让我们来看一个例子。在某多元经营的企业中，经营规划部门的B接到了社长下达的任务——调研"是否应该退出A业务市场"。基于调研结果，B撰写了以下的汇报资料。首先呈现的是通过框架搭建了金字塔模型的例文，后面是同一主题、没有实现框架化的例文。

| 通过框架搭建了金字塔模型的例文 |

关于"是否应该退出 A 业务市场",特此汇报调研结果。从结论说起,由于公司在 A 业务市场中提高市场地位与收益的难度极大,我们认为应尽早退出该市场。希望公司方面能够尽早做出决断。

▲ 小规模负增长的市场,发展前景极度暗淡
　—该市场如今已缩至 ×× 亿日元的规模。
　—预计今后也将呈现负增长趋势,增速为每年负 10%。
　—客户以巨头法人为主,对折扣与售后服务要求极高。
　—实现产品差异化的难度大,几乎无望实现产品溢价。

▲ 处于垄断地位的两大龙头企业竞争力强
　—位居第一、第二的两大企业占据了绝大部分的市场份额,我们与它们之间存在着难以跨越的鸿沟。
　　·供应成本差:每单位 10%
　　·生产成本差:每单位 15%
　　·物流成本差:每单位 5%

▲ 我公司优势无法发挥
　—我公司所积累的一般消费者资源无法在此运用。
　　·品牌形象
　　·零售渠道
　　·市场营销的经验、技术

- 发展 A 业务所需的技术非我公司的核心技术，今后也无巨大创新的可能性

且不谈公司社长在读了这篇报告之后是否会赞成其观点，至少报告所主张的"应该退出 A 业务市场"这一观点的依据一目了然。在此基础上，社长予以反驳也好，命令团队进一步调研也好，由于理论框架已十分清晰，下一步行动也一定会十分顺利。相比之下，下面这个报告又如何呢？

| 未通过框架搭建金字塔模型的例文 |

我们已经对 A 业务进行了调研，报告如下：
- 该业务市场如今已缩至 ×× 亿日元的规模
- 预计今后也将呈现负增长趋势，增速为每年负 10%
- 发展 A 业务所需的技术非我公司的核心技术
- 我公司的强项，即对零售渠道的影响力，无法在此发挥
- 位居第一、第二的两大企业占据了绝大部分的市场份额
- 我公司与位居第一、第二的两大企业之间存在着每单位 5% 的物流成本差
- 我公司与位居第一、第二的两大企业之间存在着每单位 10% 的供应成本差
- 我公司与位居第一、第二的两大企业之间存在着每单位 15% 的生产成本差

- 我公司向来在针对巨头法人客户的市场营销方面缺乏经验、技术
- 客户以巨头法人客户为主，其对折扣与售后服务要求极高
- 难以实现产品、服务的差异化，且几乎无望实现产品溢价
- 我公司的品牌形象对巨头法人客户无吸引作用

综上所述，我们认为应该退出 A 业务市场。

该报告虽采用了分点记叙的方式，且在一定程度上阐明了相应的事实，但是关于为什么得出"应该退出"的结论，是以什么为"框架"进行思考的，以及每一项事实该如何解释，都让人摸不着头脑。这样一来，其效果与前面通过框架搭建了金字塔模型的例文相去甚远。

这两篇文章的区别在于，是否对理论进行了框架化。在一般的分点论叙中，3 个左右的要点还是很清楚明白的，但一旦超过了 5~6 个要点，文章会变得十分难懂，读者也难以发现其中的关联。因此，我们需要进行框架化，比如将各要点分组、总结每组的内容等。

那么，怎样才能对论据进行框架化呢。接下来，我将以"是否应该退出 A 业务市场"这一例文为基础，按步骤解析如何运用金字塔模型。

（2）将理论搭建为金字塔模型的步骤

为了进行理论的框架化、将其搭建为金字塔模型，我们大致可以分为三步走（如图表 1-2、1-3 所示）。

图表1-2 搭建金字塔模型的步骤

① 确定论题 → ② 思考理论框架 → ③-1 提问So what? 提炼信息 → ③-2 提问 Why? True? 检查理论是否成立

图表1-3 搭建金字塔模型的顺序（印象图）

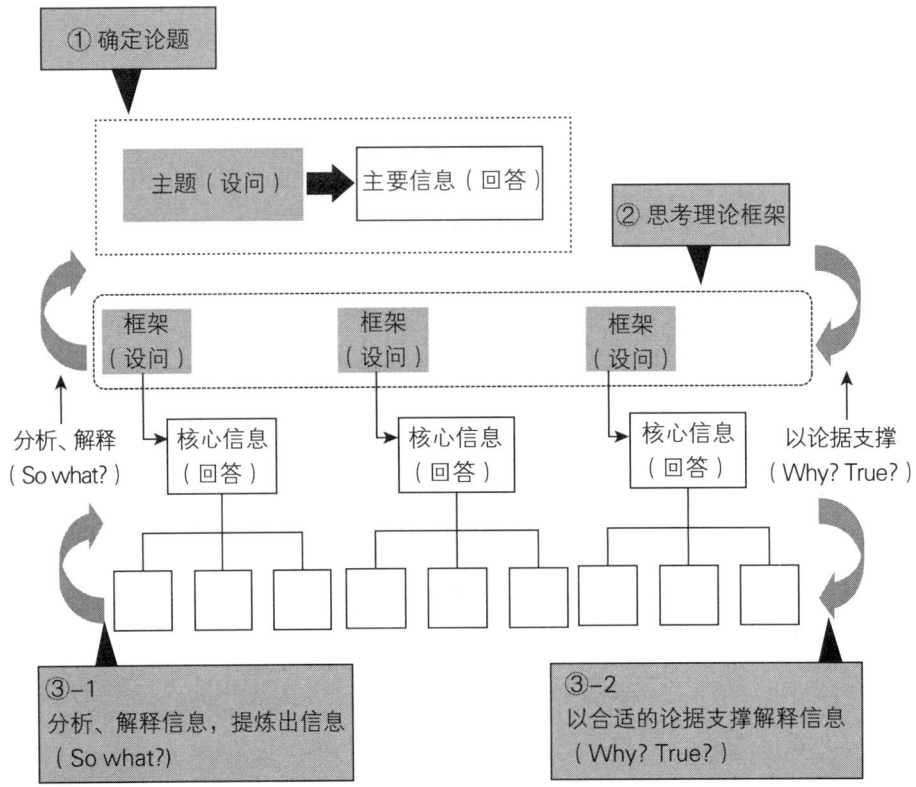

- 步骤①：确定论题

首先，我们需要确定"论题"，即应该思考讨论的是什么内容。此时，我们需要有具体的设想——是在什么样的情况、场面下的疑问，在此基础上进行思考、表达。同时，通过设想论题的答案（主要信息），我们可以在接下来的步骤中继续紧贴论题（降低跑题的可能性）。

◎ **案例中的"论题"**

参照上述案例，"是否应该退出 A 业务市场"便是论题，而针对该论题的回答（主要信息）便是"应该退出"或者"不应该退出"。

但是，如果社长给 B 下达的指示实际上是"找出我们公司接下来应该进军、有发展前景的市场领域"，B 若是误以为论题为"是否应该退出 A 业务市场"，便无法提供信息接受方（社长）所需要的答案。也就是说，偏题了。此外，即使论题为"是否应该退出 A 业务市场"，若是最终搭建的金字塔模型中的主要信息为"A 业务市场谈不上有魅力"或是"B 业务市场更有发展前景"，也是偏离了论题。

●━ 步骤②：思考理论框架

论题敲定之后就应该思考"框架"了。此时，我们需要注意的是，框架"是否遗漏了重要的论点""是否与论题具有直接关系"以及"是否切合对方的关注点"。

◎ **案例中的"框架"**

由于论题为"是否应该退出 A 业务市场"，此时，我们若是能套用既有的理论框架，比如分析业务环境时可用的 3C 框架（市场、竞争、公司），基本就能毫无遗漏地覆盖所有相关论点。

不过，仅凭"市场""竞争""公司"并不能保证该框架必能紧贴论题。

关于更为详尽的设问,具体可有以下内容。

市场
➤ 该市场是否具有魅力(魅力指销售额、利润是否可观等)?顾客是谁?他们谋求商品的何种价值?(当前分别处于什么情况?前景如何?)

竞争
➤ 公司在竞争中具有怎样的优势、劣势?竞争对手是否会对公司造成威胁?(当前分别处于什么情况?前景如何?)

公司
➤ 公司是否能产出顾客所追求的价值?公司的优势是否能够得到发挥?公司的劣势是否能够得到弥补?(当前分别处于什么情况?前景如何?)

仅需对上述三个论点进行思考、论述,社长也能判断出"是否应该退出 A 业务市场"。在决定了框架之后,接下来便是收集相关的信息、进行信息的分类。其在具体案例中的应用如下:

◎ 该市场是否具有魅力(魅力指销售额、利润是否可观等)?顾客是谁?他们谋求商品的何种价值?
　·该业务市场如今已缩至 ×× 亿日元的规模
　·预计今后也将呈现负增长趋势,增速为每年负 10%
　·客户以巨头企业客户为主,对折扣与售后服务要求极高
　·难以实现产品、服务的差异化,且几乎无望实现产品溢价
◎ 公司在竞争中具有怎样的优势、劣势?竞争对手是否会对公司造成

威胁？（当前分别处于什么情况？前景如何？）
- 位居第一、第二的两大企业占据了绝大部分的市场份额

（以下三条"成本"相关的信息可以在"竞争"中进一步分组）
- 我公司与位居第一、第二的两大企业之间存在着每单位5%的物流成本差
- 我公司与位居第一、第二的两大企业之间存在着每单位10%的供应成本差
- 我公司与位居第一、第二的两大企业之间存在着每单位15%的生产成本差

◎ 公司是否能产出顾客所追求的价值？公司的优势是否能够得到发挥？公司的劣势是否能够得到弥补？
- 发展A业务所需的技术不是我公司的核心技术
- 我公司的强项，即对零售渠道的影响力，无法在此发挥
- 我公司向来在针对巨头法人客户的市场营销方面缺乏经验、技术
- 我公司的品牌形象对巨头法人客户无吸引力

需要说明的是，在上述案例中，事实上，我们从最开始就掌握了推导出结论所必需的信息。但在现实中，我们往往会因为信息不足而无法提炼出有效信息。在这种情况下，基于对上层信息的假设，我们就需要多方收集必要的信息。

◆— 步骤③-1：提问So what?（那又怎样？）并提炼信息

完成信息分类后，我们便需要从各组信息中提炼出各自的解释。在这里，我们将"解释信息"称为"提炼信息"。通过不断地重复这一过程——

收集解释性信息、提炼出上层信息——我们可以得出回应理论框架的主张（关键信息），进而最终得出论题的答案（主要信息）。

此外，提炼出的信息必须是"从原信息中可以得出的内容"。比如，"市场方面"这样相当于零内容的"项目标题"不能算是信息。"市场是××的"这样包含了具体内容的语句才算是信息。同时，因为信息是一种解释，未必能从某一内容中自动生成。很多时候，我们需要从多个信息中提炼出与论题相关的内容并对其进行概括，这便融入了个人的思考。因此，并不存在"绝对正确"的信息。

◎ **案例中的"So what?"**

在之前的案例中，我们或许可以这样进行信息的提炼。

· 该业务市场如今已缩至××亿日元的规模
· 预计今后将呈现负增长趋势，增速为每年负 10%
· 客户以巨头法人客户为主，其对折扣与售后服务要求极高
➤ 基于以上三条信息可知，"该市场规模小、负增长，前景极度暗淡"

· 我公司的强项，即对零售渠道的影响力，无法在此发挥
· 我公司向来在针对巨头法人客户的市场营销方面缺乏经验、技术
· 我公司的品牌形象对巨头法人客户无吸引作用
➤ 基于以上三条信息可知，"公司积累的一般消费者资源无法得到利用"。

综上所述，我们需要通过对步骤②中所决定的"市场""竞争""公司"

等框架相关的"设问"进行回答，提炼出"关键信息"，对其进行组合，并在此基础上思考回答论题"设问"的"主要信息"。在本次案例中，主要信息便是"应从 A 业务市场中退出"。

步骤③-2：提问"Why""True"检查理论是否成立

在提炼出主要信息之后，我们需要站在受众的角度、再次检查自己的理论结构，即通过提问"Why""True"检查提炼出的信息是否能由其下层的信息单独推导得出。在此过程中，我们可以先将信息念出来，"×× 是 ××"，接着问自己"为什么"，然后再念出下一层级的信息，以此来确认整个逻辑是否能够让人接受。若是在此过程中能够马上想到可以反驳的点，则说明由下至上的信息提炼出现了错误，或是缺少了某一必要的部分，需要对此进行修正。我们需要不断重复这一步骤，直到结论可以令自己信服为止。

在上述过程中，尤其要对以下几点进行检查：
- 再次确认论题。主要信息是否直接回答了论题？关键信息（主要信息下一层级的信息）是否与主要信息密切相关？
- 按顺序对每一个主要信息提问"Why？"其对应的下一层级的信息是否有充分的依据？
- 阅读主要信息与关键信息后，能否将"想要表达的要点"的 80% 传达出来？

◎ 案例中的"Why""True"

在本次案例中，支撑、解释信息的依据十分充分。但在实际商务一线，有时也需要其他必要的信息作为依据，在这种情况下，我们就必须追加相关信息。以本次案例为例，或许可以追加以下信息：

- "客户以巨头法人客户为主，对折扣与售后服务要求极高"
  - ➢ 从"真的吗（True）"的角度出发，补充相关依据。比如，找出巨头法人客户对折扣与售后服务高要求的具体案例，或是否定该观点的案例（反例），将其补充为相关依据。
  - ➢ 从"为什么可以这么说（Why）"的角度出发，补充相关依据。比如，明确巨头法人实现上述要求（顾客与业界内等）的机制、该机制是否适用于绝大多数巨头法人，将其补充为相关依据。
- "难以实现产品、服务的差异化，且几乎无望实现产品溢价"
  - ➢ 从"真的吗（True）"的角度出发，补充相关依据。比如，找出在实现差异化方面失败的具体案例，或是否定该观点的案例（反例），将其补充为相关依据。
  - ➢ 从"为什么可以这么说（Why）"的角度出发，补充相关依据。比如，明确是什么机制增大了差异化的难度，将其补充为相关依据。

（3）将金字塔模型转化成文章

关于案例"是否应该退出 A 业务市场"，若是将其按上述三个步骤进行组建，便可得到图表 1-4。而若是将这一金字塔模型用缩进等形式直接反映到备忘录上，便可得出第 52 至 53 页的文章。通过阅读该文章可知，虽然复杂难懂，对读者不够友好，但是结构清晰、十分易读。

图表1-4 案例"是否应该退出A业务市场"

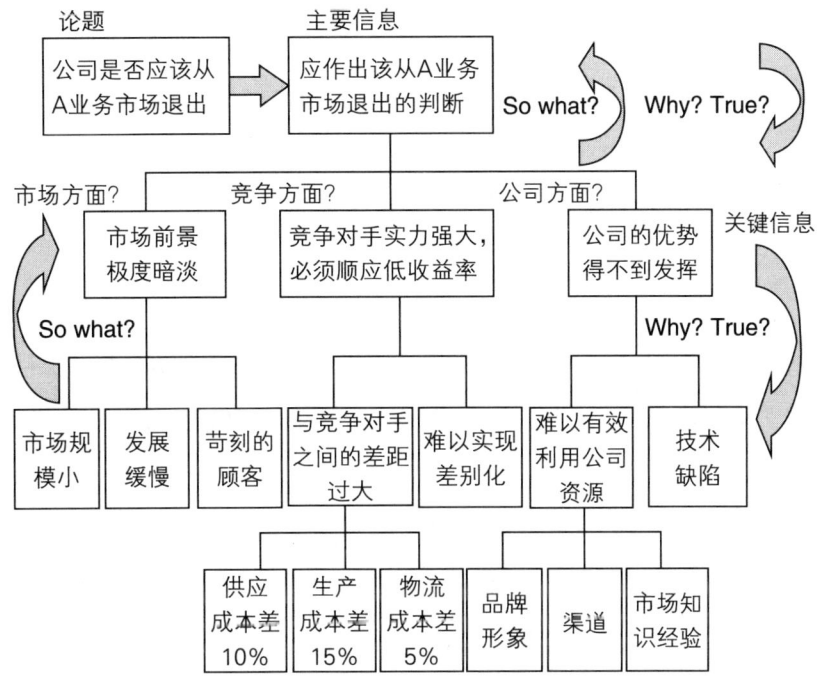

如图所示,理论框架在通过金字塔模型实现了可视化之后,便可采用各式各样的表现形式,并不局限于备忘录与报告等文章形式,也可用于发言时所用的幻灯片以及演讲当中。

尤其需要补充的是,案例"是否应该退出A业务市场"的备忘录,作为以对话为主的公司内日常沟通以及可以口头补充的发言讨论用资料已经足够了。但是,也有一些报告需要让读者"一看就懂"。在这种情况下,我们不仅需要对下层信息进行分条整理,还需要通过适当的连接词、助词等将其连接成文。因为连接词可以帮助读者理解各条信息之间的关系,减少误读、歪曲等现象,有助于读者进一步理解相关内容。反过来说,分条整理的备忘录需要读者自行理解各行之间的关系,由此会加重读者的负担,或者可能导致读者无法按作者的预期对文章进行解读。

在下面这篇报告中,我试着在原有备忘录的基础上加上了连接词与助词。希望大家能够借此理解连接词、助词的作用——使信息间的关系更易于理解,降低误读、歪曲的可能性。

关于"是否应该退出 A 业务市场",特此汇报调研结果。从结论说起,由于公司在 A 业务市场中提高市场地位与收益的难度极大,我们认为应尽早退出该市场。希望公司方面能够尽早做出决断。

▲ 小规模负增长的市场。发展前景极度暗淡
· A 业务市场不仅是当前已缩至 ×× 亿日元的规模,预计今后也将呈现负增长趋势,增速为每年负 10%。
· 同时,由于该市场客户以巨头法人为主,不仅会对折扣与售后服务产生极高的要求,还会使得价格之外的产品差异化增大,几乎无望实现产品溢价。考虑到这些要素,公司若是进军该市场,则需面对持续的低收益。

▲ 处于垄断地位的两大龙头企业竞争力强盛
· 位居第一、第二的两大企业占据了绝大部分的市场份额,我公司与其供应成本、生产成本以及物流成本上有差距(每单位)分别为 10%、15% 与 5%。从业务性质来看,这几乎是难以填补的鸿沟。

▲ 我公司优势无法发挥
- 由于该业务的客户以巨头法人为主，我公司所积累的一般消费者资源便无法于此得到发挥。同时，公司向来在针对巨头法人客户的市场营销方面存在缺乏经验、技术的弱点。
- 此外，由于发展 A 业务所需的技术非我公司的核心技术，今后无巨大创新的可能性。

在上述例文中，我通过分点、缩进等形式将金字塔模型以文章的形式呈现出来。整篇内容的信息传递是自上而下的。但在实际情况中，考虑到读者的阅读体验与感受，我们有时需要调整信息传递的顺序。比如，在社长对 A 业务具有执念的情况下，我们便需如此，以下便是相应例文。

（省略问候语）

接下来，我想就 A 业务市场一事与您进行商讨，相信您对 A 业务市场所面临的困境已有所了解了。通过二次研究，我认为，做出决断的时候到了。

首先，由于 A 业务市场的客户以巨头法人为主，我公司所积累的一般消费者资源便无法在此得到发挥。因此，A 业务市场从根本上来说可能不太合适我公司的发展。其次，迄今为止，公司在针对巨头法人客户的市场营销方面仍缺乏经验、技术。此外，由于发展 A 业务市场所需的技术非我公司所重视的核心技术，今后在相关方面实现技术创新的可能性甚微。考虑到以上因素，A 业务市场绝非我公司可以发挥优势的领域。

　　当然，若是有资料能证明该市场仍在发展，我们还可以予以考虑。但就现实情况而言，A业务市场目前不仅已缩至××亿日元的规模，预计今后也将呈现负增长趋势，增速为每年负10%。发展前景暗淡且无好转趋势。此外，由于该市场客户以巨头法人为主，对折扣与售后服务要求极高，结合之前所述的情况可知，我公司通过其他方面的差异化实现高价销售基本无望。

　　从竞争方面来看，我公司与独占市场的两大公司差距巨大，难以实现赶超。具体来看，供应成本、生产成本以及物流成本的差距分别为10%、15%与5%。对于"规模取胜"的业务领域来说，差距极大。加之市场本身的竞争，环境可谓十分恶劣。所有这些都并非悲观的陈述，而均为赤裸裸的现实。

　　综合考虑以上情况可知，我们必须尽早退出A业务市场以避免巨大损失。虽然很难说出口，但还是希望您能予以理解、接受。

（4）搭建宏观理论框架的"诀窍"

　　在我们以金字塔模型作为道具搭建宏观理论框架时，铭记以下两点尤为重要。

●— 明确词汇的定义

　　首先，我们在搭建宏观理论框架时，尤其是思考"框架""关键信息""主要信息"时，需要明确所运用的词汇的定义。定义若是模糊，整个理论框架就会变得十分混乱。比如，销售效率中"效率"的定义可能会从"单位时间内的销售额"变为"每位销售负责人的销售额"，考虑"员工评价系统"时，"评价"的定义可能会在"测定""报酬""反馈"之间摇摆不定。

其次，不仅是关键词，我们还需细心考虑整个句子中主语、主语部分与谓语、谓语部分之间的关系是否明确。若只注意关键词，便有可能出现关键词脱离上下文脉络的危险。

此外，日语报告中的主语、主语部分常常会被省略。虽然这可能是日语本身的特征，但它会导致相关内容的模棱两可。比如，我们在说"没有好处"时，"对谁而言的好处"便没有得到明确。这样一来，搭建理论框架后半部分的过程便会陷入混乱。为此，我们最好能在思考的过程中就明确主语、主语部分与谓语、谓语部分之间的关系。

思考词汇的明确定义、句子的完整性，这在一开始可能会让人觉得不耐烦。但若是能克服这种不耐烦，仔细地思考清楚，便能有更大的收获，应付这些麻烦便可事半功倍。

不过，虽说理想的状态是在搭建理论框架的过程中明确主语、主语部分与谓语、谓语部分之间的关系，但在金字塔模型搭建完成、需要将其转化成文章的时候，我们可以适当地省略主语和主语部分。只要不违背"一句话一个意思"的原则即可。因为日语的特征就在于适当省略，过于注重明确主语、主语部分，反而会让文章变得冗长、难读。

勤动眼手，反复修改、思考

金字塔理论框架是一个道具，它能帮助我们将脑海中的想法整理成文，保证文章整体的平衡性、各部分的逻辑关系（主要信息和关键信息、关键信息与对应的下层信息）。重要的是，我们需要在搭建框架的过程中不断检查，修改不合适的地方。比如，在无法完美地归纳出解释或在论点出现重复时，我们就需要对框架进行调整。

理论框架越复杂，越需要我们将相关想法以文章或者图示的形式写在纸上、白板上。比如，我们可以在便利贴上写下每一条信息与想法，通过不断地贴上、取下便利贴对信息进行分组，并以某种形式将提炼出的信息记录下来，进而仔细思考。

同时，将金字塔模型转化成文章，有助于我们检查逻辑是否通顺、结构是否正确。因为在写文章的过程中，我们往往需要深入思考。通过写作，我们的想法便能清楚、明白地呈现出来。当然，文章的形式在我们向第三者传递信息、进行讨论时也十分有效。

不过，将金字塔模型转化为文章并在此基础上进行思考，需要极大的能量与勇气，这便是我们常说的"知易行难"。但若真想学习批判性思维，这类的练习自然必不可少。希望大家能将其作为一种习惯坚持下去。

下面是我们在开头部分给大家展示过的邮件，请用金字塔模型对该备忘录进行"结构性"的修改，其内容均可视为现实情况。

文件名称：如何提高销售效率

提案人：销售支持部　小山

　　关于您提出的应如何提高销售效率的相关问题，本人经过一定程度的调查学习，得出了以下结果，特向您报告。通过采访一线销售负责人以及参考过去的调查结果，本人得出了以下调研结果。从结论说起，我们需要给一线的销售负责人配备平板电脑终端。

记

（采访销售负责人）

　　针对本次调研，我认为听取一线销售负责人的心声、了解他们的实际感受十分重要。为此，我采访了几位熟识的销售负责人。

① 首先，在对我们公司、其他公司的多位销售负责人进行采访的过程中，我发现他们均使用 Z 公司生产的平板电脑终端设备。这让我深感，虽然涉及的业务有所不同，但平板电脑似乎成了所有销售一线的必备。为此，我将这一点放在开头叙述。

② 当然，基于"现地现物主义"，我本人也前往家电商城体验了 Y 公司、Z 公司所生产的平板电脑，觉得操作顺畅、体验良好。尤其是 Z 公司的平板电脑，其优良的使用体验甚至让人想购作私用。

③ 此外，据我们公司的王牌销售员、K 销售所的大岛所言，笔记本电脑虽然更加轻薄，但由于开机速度缓慢，还是不适合用于给顾客展示、说明产品。相比之下，纸质材料更加方便。综合

考量，平板电脑则最为合适。

④ 比如很多时候，销售人员需要在上门、现场推销的过程中确认产品信息、技术手段等。在这种情况下，带着厚重的宣传册十分不便。此外，技术手段也在不断发生着细微的变化。许多销售人员都在本次采访中表示，希望这方面的问题能够得到解决。我个人也觉得这一问题十分重要。

（调查过往案例）

接下来，我将对过往销售一线的相关调查结果进行报告。

⑤ 有信息显示，"就客户的期待而言，有人认为，我们公司销售负责人所提供的服务不论在质量还是数量上都低于其他公司"。从这一点也可以明确地看出，我们需要导入平板电脑终端，以此作为新型产品展示的标准配置。

⑥ 进一步事实证明，随着近年来 ICT 技术的发展以及顾客需求的复杂化，在过去两年中，我们公司 7 成的主打产品都经历 7～8 次的样式更改。

⑦ 此外，从销售一线的反馈看来，为了准备、印刷资料，每次都要在上门拜访前或是空余时间绕回办公室，负担很大。

⑧ 同样，为了登入公司内网录入信息，参考相关资料，他们也必须在上门拜访前、空余时间甚至每天下班后回到公司。销售一线的人员表示，这也增加了他们的工作负担。

（其他相关信息）

⑨ Y 公司是由备受尊敬的该集团总公司董事长 Y 创办的，是一

家历史悠久的最佳企业。购入该公司的产品能提高本公司销售一线员工的干劲。

⑩我的一位朋友就职于 Z 公司，通过向他间接询问相关价格了解到，若是能大批量购买该产品配备给本公司的销售一线人员，每台设备可享受 × 万日元的折扣。此外还有其他的一些优惠。

以上

最初的备忘录列举了多达 10 项的内容，论题与框架间缺乏联系且混杂着多余的信息与解释，因此观点不够明晰，存在着遗漏重要内容的危险。这样的内容，不管是谁看了都会想说"重写"吧。那么，就让我们按照上述步骤，通过金字塔模型试着对信息进行重组。

首先，我们将论题确定为"作为销售支持部，我们应采取怎样的对策来支持销售效率的提高"。接下来，为了回答该论题，我们需要思考相应的框架。由此可以想到分解"销售效率"等各式各样的内容。但考虑到最终是要"提出"相应的支持政策，所以我们决定搭建一个由"效率化的内容""实现效率化的计划""相关计划落实的可行性"构成的理论框架（图表 1-5）。在开头的案例当中，外田经理在他的回信中也提到了这一框架。基于这一框架，我们对原有的信息进行了分类、重组，做出了以下修改。大家可以将修改后的版本与原始版本对照着看。

图表1-5 按金字塔模型搭建理论框架的案例

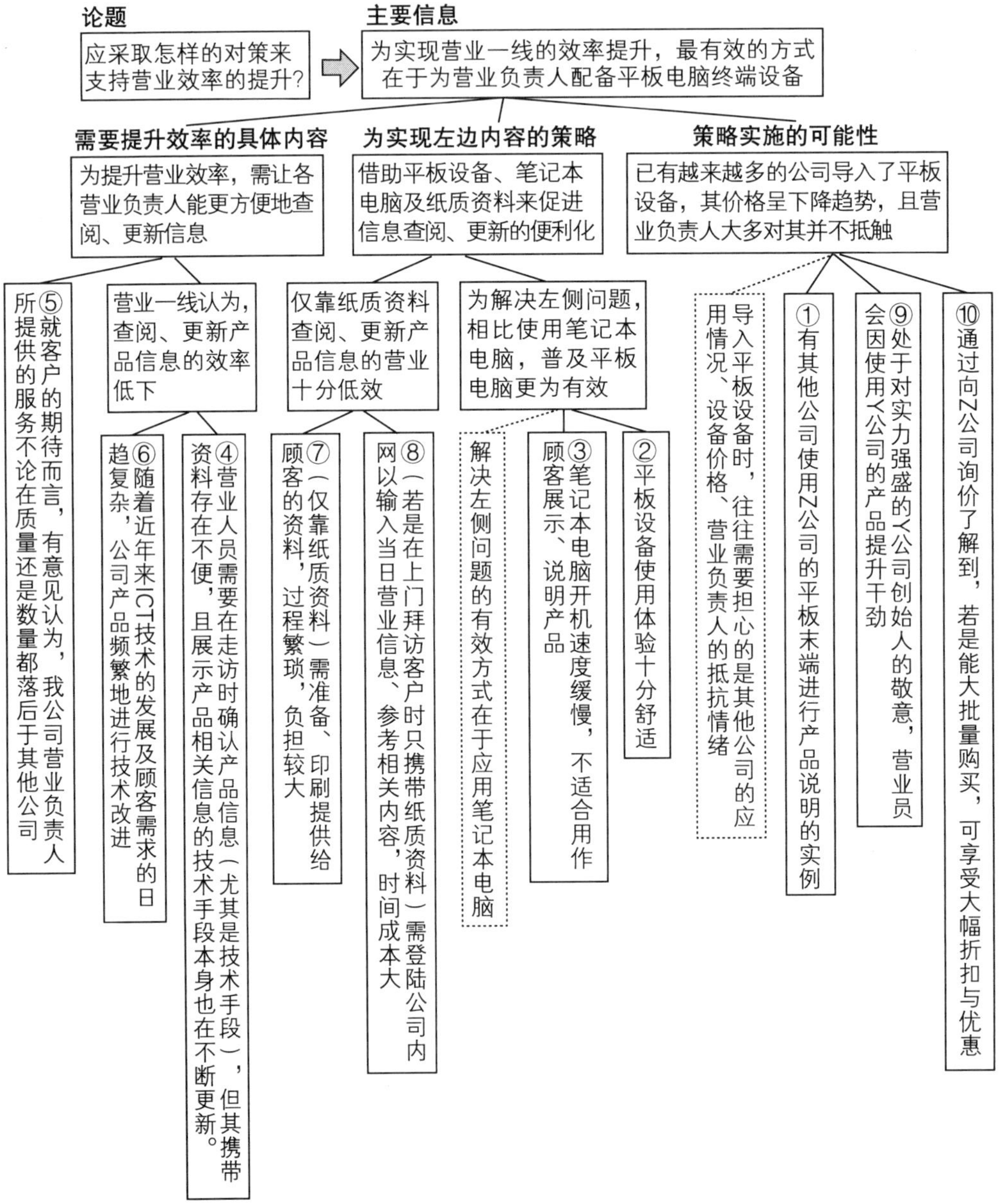

论题
应采取怎样的对策来支持营业效率的提升？

主要信息
为实现营业一线的效率提升，最有效的方式在于为营业负责人配备平板电脑终端设备

需要提升效率的具体内容
为提升营业效率，需让各营业负责人能更方便地查阅、更新信息

为实现左边内容的策略
借助平板设备、笔记本电脑及纸质资料来促进信息查阅、更新的便利化

策略实施的可能性
已有越来越多的公司导入了平板设备，其价格呈下降趋势，且营业负责人大多对其并不抵触

- ⑤就客户所提供的服务的期待而言，有意见认为，我公司营业负责人不论在质量还是数量都落后于其他公司

- 营业一线认为，查阅、更新产品信息的效率低下
  - ⑥随着近年来ICT技术的发展及顾客需求的日趋复杂，公司产品频繁地进行技术改进
  - ④营业人员需要在走访时确认产品相关信息的技术手段本身也在不断更新。

- 仅靠纸质资料查阅、更新产品信息的营业十分低效
  - ⑦（仅靠纸质资料）资料存在不便，且展示产品相关信息的技术手段（尤其是技术手段本身）但其携带
  - ⑦顾客的资料，过程繁琐，印刷提供给负担较大
  - ⑧网以输入当日营业信息、参考相关内容，时间成本大（若是在上门拜访客户时只携带纸质资料）需登陆公司内

- 为解决左侧问题，相比使用笔记本电脑，普及平板电脑更为有效
  - 解决左侧问题的有效方式在于应用笔记本电脑
  - ③顾客展示、说明产品
  - ②平板设备使用体验十分舒适
  - 笔记本电脑开机速度缓慢，不适合用作

- 导入平板设备时，往往需要担心的是其他公司的应用情况、设备价格、营业负责人的抵抗情绪
  - ①有其他公司使用N公司的平板末端进行产品说明的实例
  - ⑨会因使用Y公司的产品提升干劲
  - 处于对实力强盛的Y公司创始人的敬意，营业员
  - ⑩通过向Z公司询价了解到，若是能大批量购买，可享受大幅折扣与优惠

销售效率化的计划（提案）：为销售负责人配备平板电脑终端

调查结果显示，为提升销售一线的效率，采取为销售负责人配备平板电脑终端用于查阅、更新产品信息的措施最为有效。为此，希望能进一步讨论该计划的具体实施。

◆为提升销售一线的效率，有必要减轻销售负责人查阅、更新产品信息的负担

当前，许多客户对我公司无法高效、准确地为其提供产品最新信息（尤其是技术手段）感到不满，希望该情况能够尽快得到改善。主要原因在于，最新信息的获取以及资料的准备、运送都需要大量的时间，且信息本身存在更新落后的问题。

·就客户的期待而言，有意见认为，我公司销售负责人所提供的服务不论在质量还是数量上都落后于其他公司（⑤）

·随着近年来ICT技术的发展以及顾客需求的日趋复杂，在过去两年中，我们公司7成的主打产品都经历了7~8次的技术改进（⑥）

·销售人员需要在上门、现场推销的过程中确认产品的相关信息（尤其是技术手段）。但在这种情况下，带着厚重的宣传册上门可谓十分不便，且展示产品信息的技术手段也在不断发生着细微的变化（④）

◆相比笔记本电脑与纸质资料，平板电脑更能提高信息查阅、更新的效率

　　当前，我公司的销售一线员工均使用笔记本电脑与纸质资料查阅、更新产品信息，很难在目前水平上实现效率的提升。若是配置平板电脑终端，将极大地提高信息查阅、更新的效率。

・（若是使用纸质资料）需准备、印刷资料，过程烦琐，负担较大（⑦）

・（若是在上门拜访客户时只携带纸质资料）需登录公司内网以输入当日销售信息、参考相关内容，时间成本高（⑧）

・笔记本电脑虽然更加轻薄，但由于开机速度缓慢，不适合用于向顾客展示、说明产品（③）

・我本人也在家电商城体验了Y公司、Z公司所生产的平板电脑，操作体验良好（②）

◆导入平板电脑的公司不断增多、设备价格不断降低、销售负责人对其抵抗情绪较少

　　在导入平板电脑时，往往需要担心的是公司的应用情况、设备价格、销售负责人的抵抗情绪等。但在这三方面，似乎都不存在问题。

・有其他公司使用Z公司的平板电脑进行产品说明的实例（①）

・Y公司是由备受尊敬的该集团总公司董事长Y创办的、历史悠久的最佳企业，导入该公司的产品能提高本公司销售一线员工

> 的干劲（⑨）
>
> ・朋友就职于 Z 公司，通过向他间接询问相关价格了解到，若是能大批量购买该产品配备给本公司的销售一线人员，每台设备可享受 × 万日元的折扣。此外还有一些其他的优惠（⑩）

需要补充的是，本例文中的论题与框架并非唯一标准答案。因为论题会根据前提的不同发生改变，即使按照其他框架组织文章中的论点也无妨。总之，例文只是其中的一个例子。

4 练习问题

【问题】

福井雄太准备将记账凭证（随着公司内各个部门的日常业务产生的票据）的收集、登记、核算工作交给自己的下属、刚入职半年的新员工向原美咲。

这项工作原本由另一位员工负责，但在本月底，该员工即将调去别的岗位，需要他人接手这项工作。福井在咨询了前任员工的意见后，认为可以把这项工作交给向原。向原在学生时代使用过"SSS"软件，该软件的功能与工作需要用到的软件十分相似。此外，她本人似乎也希望在将来从事销售相关的业务。

福井本来想创造机会，让前任员工直接与向原交接工作。但无奈两人日程对不上，只好由福井本人发送邮件，在邮件中传达相关内容。福井打算先让向原自己阅读邮件，若有疑问，再向他提出。

请阅读以下邮件，如果认为需要修改，请思考如何修改。

文件：致向原 / 工作委托

工作辛苦了。我是福井。从下个月开始，我希望你能着手以下工作。请确认邮件的相关内容，如果有不明白的地方，还请向我咨询。

◆ 每天需要做的事（每日任务）

- 向各部门负责人收取记账凭证。每件销售管理业务都会产生一张记账凭证。
- 你的工位旁设有收集记账凭证用的箱子。请于每日 18 点，从箱中取出上交了的记账凭证，并用相应软件对每一张记账凭证进行扫描（关于应用软件的使用方式，请参考专门手册。手册已经放在你的桌上，请找时间翻阅）。

◆ 每周四、周五需要做的事（每周任务）

- 按规定，各部分的负责人需要在每日 18 点前上交当日的记账凭证。但也会发生忘交、来不及上交的情况。所以，请你在每周四向大家发送提醒邮件（周四 14 点左右比较合适）。邮件模板请参考手册。
- 此外，请你在每周五 18 点前，对所有上交了的记账凭证进行扫描，输入电脑（在那之后提交的记账凭证可于下周扫描输入）。
- 在完成所有记账凭证的扫描、输入之后，请进行每周的核算（核算方式请参考手册）。
- 完成每周的核算工作之后，请将相关文件（统计结果数据）发送给各部门负责人（课长）传阅。

◆ 其他注意事项

- 使用软件时，若是同时运行其他软件，便会导致该软件的处理速度变慢。为此请多加注意。
- 软件密码请严格保密。

> ·每周二、周三，我基本不在办公室。白天几乎也没有时间回复邮件或者电话。所以，如果有任何疑问的话，请尽量在周一或是周四以后向我询问。
>
> 以上就是相关内容，这工作就交给你了。

【解析】

这封邮件看起来完整地传达了完成该工作所需的信息。但是，希望您能站在收到邮件的向原的角度思考一下。这封邮件的"框架"，是否能让向原接受并采取行动呢？

从框架上来看，这封邮件只是将内容分为"每日工作""每周工作"与"其他注意事项"三部分，也就是说，只是按照"（我要让你做的）工作内容是什么"的内容分类来传递信息。读完这封邮件的向原是否能够真正理解工作任务呢？如果福井与向原日常保持紧密的沟通，相互沟通时只要说明事实关系就够了，那这样的邮件便没有问题。

但是，如果两人之间并没有所谓的"默契"，看完邮件的向原大概会产生些许疑惑，比如"这工作的意义是什么呢？""为什么要让我来做这份工作呢？"等。我们很难说上面那封邮件回答了这些疑问。

也就是说，如果论题是"（向了解前因后果的部下）交代工作内容"，那采用原先邮件中的框架就可以了。但是，如果论题是"（向未必对公司内部情况有详细了解的部下）分配新的工作任务"，我们则需采用其他更为合适的框架。根据论题的理解方式与沟通对象的不同，我们需要的框架也有所不同。

考虑到上述向原可能会抱有的疑问，我基于"工作内容""工作目的""安排理由"这一框架，写了下面这封邮件例文。

文件：致向原/工作委托

工作辛苦了。我是福井。从下个月开始，我希望你能着手以下工作，具体要领如下。请确认相关内容，如果有不明白的地方，还请向我咨询。

◆工作内容

分为"每日任务"与"每周任务"。

每天需要做的事（每日任务）

· 每天18点，从记账凭证箱（已经安装在你的工位旁）中取出上交的记账凭证

· 用相应软件扫描每一张记账凭证（关于应用软件的使用方式，请参考专门手册）

每周四、周五需要做的事（每周任务）

· 每周四14点左右，发送提醒邮件（邮件模板请参考手册）

· 每周五18点前，对所有上交了的记账凭证进行扫描（在那之后提交的记账凭证可于下周扫描输入）

· 完成所有记账凭证的扫描之后，进行每周的统计（统计方式参考手册）

· 完成统计之后，将相关文件（统计结果数据）发送给各部门负责人（课长）传阅

◆ 工作背景与目的

正如你所知道的,销售管理的业务是由各部门的负责人各自开展的。但是,我们希望能尽早把握业务进展,让每周的全公司业务进展信息都能为各部门的课长所知。这将有利于课长进行周业务的部门内分工与目标设定。销售人员也能由此灵活地调整手上销售案例的优先顺序,根据顾客的需求进行工作。

本次委托你做的这项工作——输入记账凭证信息、进行统计,可以说是业务顺利开展的基础。希望你能充分意识到它的重要性。

◆ 委托给你的原因

本项工作所要用到的软件与"SSS"十分相似。由于难度较大,其他员工可能难以操作。但是向原你在大学期间就用过"SSS",所以相比其他员工,相信你一定可以更正确、顺畅地使用该软件。

此外,由于向原你今后想要从事销售相关的业务,通过这项工作,你可以加深对业务整体情况、各部门与其成员的职责分工以及业务开展方式的理解。所以这项工作对你本人来说也定会有所帮助。

※ 其他注意事项

· 使用软件时,若是同时运行其他软件,便会导致该软件的处理速度变慢。为此请多加注意。

· 软件密码请严格保密。

以上就是相关内容。正如开头所言，若在完成这项工作时遇到了困难，还请随时向我咨询。我会一直予以支持。（不过，我在周二、周三基本没时间回复消息。所以有问题的话，请尽量在周一或是周四以后向我询问。）

第 1 章总结

- 为了有逻辑、有条理地进行思考，搭建"宏观理论框架"十分有效。
- 在搭建"宏观理论框架"时，首先需要思考"论题"是什么，确定"论题"，紧接着需要对框架进行思考，要建构出一个能够完整地回答相应论题的框架。
- 为了实现"宏观理论框架"的可视化，我们可以使用一个小道具——"金字塔模型"，它能推动我们的思考。
- 我们可以按照以下几个步骤搭建金字塔模型。

  ① 确定论题

  ② 思考能够让人理解、接受的理论框架，对信息进行分类

  ③-1 提问"So what"（那又怎样？），提炼信息

  ③-2 提问"Why""True"检查逻辑是否成立

- 通过搭建金字塔模型，我们的思考过程、要点便能得以明确。这不仅有利于我们自身的思考，也有利于他人的理解。同时，也可采用各式各样的表现形式（备忘录、幻灯片、报告、口述等）。
- 搭建理论框架时，"明确词汇的定义""勤动眼手，反复修改、思考"可谓重中之重。

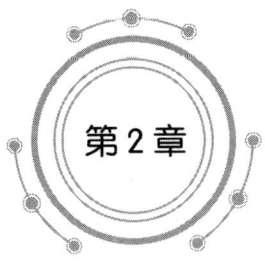

逻辑推理

案 例

为了更好地支持销售工作，序章、第1章中出现的销售支持部决定建立新的IT系统。首先，需要选定供应商、收集公司内外的信息并对相应要求进行梳理。为此，请A、B、C三家公司分别给出了相应的解决方案。基于对方案内容（满足公司要求的程度）、报价以及交付时间三方面的综合考虑，销售支持部认为A公司的方案最合适。

选定供应商的工作虽由销售支持部负责，但在最终决策时，部门需要向公司内负责IT事宜的片山一郎部长报告，并请他做出最终决策。片山是两个月前调到子公司来的，之前一直从事总务与人事的工作。他和负责选定供应商的销售支持部的小山由希见过几面，小山感觉他人很不错，也很好沟通。基于这一点，小山向外田经理申请道："因为是很难得的机会，所以希望由我来向片山部长报告！"外田稍微思考了一番，认为这确实是积累经验的好机会，便答应了小山的请求。

小山为此劲头十足，在准备资料的过程中也时刻与外田保持着沟通。因为外田说了一句"我觉得内容已经够充足了"，小山竟就此直接向片山报告去了。

"部长，关于建立新系统一事，我想向您报告一下我们对供应商的挑选结果。"

"啊，就是你跟外田部长一起做的那件事吧。谢谢了。所以，结果如何？我们应该选哪家？"

片山和蔼的表情与欣慰的话语让小山稍稍松了一口气。与此同时，她也提起了精神，从结论与论点出发，开始了她的汇报。

"从结论说起，我们认为应在 A、B、C 三家公司中选择 A 作为我们的供应商。主要是基于以下三方面的判断。首先是其令人满意的方案内容，满足了我们的要求。其次是其提供的报价在三者之中最低。最后是其能在约定交付期内完成工作。基于这三方面的考虑，我们得出了 A 公司最合适的结论。"

因为这些论点都与外田商量过，加上小山自己也很赞同，所以她的声音里满是自信。说完之后，小山从资料中抬起了头，充满自信地看向片山部长。但让小山意外的是，部长似乎陷入了沉思。停顿了一会后，小山鼓励自己，"已经仔细思考过了，应该是没有问题的"，于是继续说道：

"您有什么地方不明白吗？"

"唔……A 公司的话，还是刚成立没多久的新公司吧。如果要选择供应商，你说的三方面的确很重要，但我还是比较在意公司的成立时间这一点。说到这点，B 公司算得上是一家老牌、靠谱的公司，C 公司也有一定的历史，这两家公司就这么不行吗？"

"不是的，我并不是说 B、C 两家公司特别不行……但是和 A 相比，他们的方案有不满足要求的地方，报价也比较高。C 公司表示赶不上交付时间，所以想要按阶段交付成果……"

"这样的话，灵活地调整一下要求与交付时间如何？报价的话，可以参考其他公司的报价再交涉吧。你也知道，这样的再度交涉并不少见。"

小山意识到自己所处的形势不利，开始试着进行反问，似乎想要逆转局面。

"的确，您说的可能都对。但我觉得，我们更应该看重方案内容、报价与交付时间。换句话说，实在很不好意思，我还是不太觉得公司的历史很重要……"

"嗯，这样啊……那这样说吧，比如你想要买什么高价商品的时候，还是会选择比较老的牌子，对吧？比如买车，相比新出的汽车品牌，你还是会买一些历史比较悠久的牌子吧。"

"的确可能是这样……"

"那就对了，因为老牌的公司更让人觉得放心。这样说来，我也更希望能选择跟我们有过商业往来的公司。以前委托过C公司为我们建立相关系统，对吧？这样看来，可能还是C比较好吧。"

"……"

小山感到一种无法形容的不适与焦急。同时她也意识到，再争论下去也毫无意义。"那我重新思考之后再向您汇报！"小山不再往下说，决定回去再与外田商量。

听了小山的话，外田苦笑着说：

"你确实努力了，辛苦了。这样说可能有点那什么，但部长竟然也会有比较武断的时候。不过你可以放心的是，他绝对不是在故意为难你。反过来说，即使他是那样的话，你如果能充分说明自己的想法，反驳他的意见，肯定能让他同意你的想法。"

"我应该怎样反驳他呢？我确实也想好好说明来着……"

"我相信你一定很好地进行了说明。在这一点上，确实比以前有进步。但是说说反驳的方式吧。首先，因为对方是上司，今后我们得一直面对他，所以不能太较真，正面顶撞破坏了关系反倒得不偿失。所以说，你这次能够及时停止争论，确实是很明智的。下次再向部长汇报时，还是要注意说话的语气和方式。至于如何说服他……你觉得部长为什么会那么在乎供应商的公司发展历史以及是否与我们合作过？"

"唔，说实话，我觉得部长的关注点没什么意义。因为有很多年轻的公司也能很好地完成订单。说到与我们公司的合作经验，换句话说，任何公司在最开始都不会有与我们合作的经验吧。事实也是如此，虽然 A 公司成立没多久，也没有跟我们合作过，但这次给出的方案却非常好……"

"在这点上，我赞同你的观点。不过你还是先回答我的问题，为什么部长会那么在乎供应商的公司发展历史以及是否与我们合作过？"

"不好意思，为什么呢……我觉得可能是受他的经历影响吧。毕竟他一直都在做总务、人事的工作，两个月前才换了岗位……在人事工作中，进行信息交换、沟通一般会选有一定发展历史以及与我们有过合作的公司。"

"也存在这种可能性。不过，我觉得部长如此执着于供应商的公司发展历史以及是否拥有与我们合作的经验，还有别的原因。你还记得我们集团之前将出差手续外包的事情吗？""记得记得。是在三年前吧？那次是总公司提出要把出差的所有手续，包括申请、准备以及出差经费的核算，都外包出去。结果不太顺利，最终还是回到了原来的状态。大家都被折腾了一番，实在是印象深刻呐。"

"你知道那时候承包公司相关业务的 X 公司是一家怎样的公司吗？"

"好像是一家初创公司，跟我们的合作自然也是第一次。那时候，我的上司也对此很生气，说为什么会交给一家不知道哪里冒出来的公司去做……啊，这样说来，部长难道是担心重蹈覆辙？"

"他那时候负责的是公司的总务工作，很可能与那件事直接相关。这样想来，他自然会反对我们选择 A 公司的。你刚才也说了，连你的上司都有那种感觉。"

"唔，的确。想起那件事，的确是不放心与那些没有合作过的初创公司合作呢……这样说来，想说服部长考虑 A 公司，确实很难啊。"

看见小山泄气的样子，外田苦笑着继续鼓励道。

"不，这也不一定。的确，X公司与A公司存在着很多相似点，比如公司都是成立不久、没有与我们合作过。但反过来说，它们之间也有很多不同之处啊。有没有哪些方面是A公司有、X公司没有的？而这些特点恰恰又影响了方案的内容、报价以及交付时间。比如技术实力？管理层阵容？"

"的确，X公司虽然有销售方面的实力，但技术实力很弱。与我们集团合作的时候也是，对于我们提出的要求，刚开始都说可以实现，结果却都没有成功。项目质量也很低，经常出现问题。此外，对于我们的投诉，它们的售后也都是应付的态度，几乎没有为我们提供任何改善。话说回来，X的创始人原先是个金牌销售。虽然销售能力很强，但对于产品、服务、技术等核心内容，他都是交给下属或是合作方去做。这在后来也传开了。导致我们公司的一些人十分生气。因为我们是首家导入他们公司服务的，可以说成了他们的小白鼠。"

"相比之下，A公司怎么样呢？"

"没记错的话，A公司的创始人之前在一家跨国企业长期担任技术职务，该公司是出了名的技术实力强盛。这次给出的方案中，他们也提到自己与其他公司合作的成果以及周到的售后服务。"

"那也就是说，A公司虽然和X公司一样发展历史较短，但在管理层阵容、技术水平、业绩、售后等方面，都与X公司有着本质的区别。而这些区别也使得A公司在本次提案中给出了令人满意的内容、报价以及交付时间。如果顺着这条思路继续整理、修改我们的提案，片山部长也会赞成我们的选择吧。"

"原来如此！难怪我当时觉得自己想说什么又说不出来呢。在向部长汇报的时候，我也想表达A公司是不同于不够完善的X公司的，但就是不知道怎么表达。被您这么一指点，真是受益匪浅！"

"那就好。其实最关键的是，我们要在不断理解对方的想法的同时，引导他们。为此，即使对方的想法一看就不够合理，我们也应不断地思考并反问自己'为什么对方会有这样的想法？'因为他们说话一定有自己的根据与背景。"

1 演绎型思考·归纳型思考

（1）推理的模式

用一句话概括什么是"推理",那便是"为什么可以得出这个结论"的事实与前提的框架。

当我们想要说明某事、说服他人的时候,需要注意推理过程。比如,面向公司内部时,我们可能需要发言、在会议上进行相关汇报、与其他部门进行沟通以及向同事或下属进行相关说明。而面向公司外部时,我们又需要向顾客推销、与交易方交涉、向客户展示商品等。在这些情况中,我们都需要正确、有根有据地进行推理。

一般来说,在传递难以理解的信息以及必须准确传达信息的情况下,我们更需要进行准确无误的推理。因此,相比面向公司内部的、非正式的场合,面向公司外部的、正式的沟通场合更需要我们进行正确的推理。

推理的基本模式可分为"演绎法"与"归纳法"两类。所有的推理都是由这两种基本模式组合而成。在第1章,我向大家介绍了金字塔模型。其中,思考从分组的信息中可以提炼出什么（So what）的时候,就会用到"演绎法"或是"归纳法",或是两者的组合。

演绎法、归纳法的原理十分简单,理解它们并不困难。为什么这么说？因为我们虽然不知道演绎法、归纳法的概念,但在日常生活中却十分自然地运用着这两种推理模式。举个例子，有家公司要下调业绩指标。即使我们没有准备进行逻辑思考，也会基于"公司若是下调业绩指标，其股价在大多情况下也会随之下跌"的经验，得出"该公司的股价会由此下跌"的结论。这一过程事实上就运用了演绎推理的方式。再比如，对于某个刚进入公司的员工，上司觉得"那家伙大概不会有什么发展"。在这一过程中，该上司也是基于"明明记忆力不好，还不记笔记""总是重复同样的错误""沟通低效、不考虑对方的感受"等观察，在无意识的情况下运用了归纳推理的方式，得出了"那家伙属于不会进步的类型"的结论。因此，我们可以说演绎型/归纳型思考都是人们所具备的自然的思维方式。

但另一方面，演绎型/归纳型思考中也存在许多"陷阱"（容易犯错之处），我们经常会落入陷阱。相信很多人都会有这样的经验，"明明说的是同一件事，为什么意见这么不统一？""自己从没想过别人会对该部分产生疑惑，但别人往往会问'这篇文章是想表达什么？'"由此不知如何作答，或是"自己所说的话被别人曲解成自己从没想过的意思，从而激怒了对方"。

以上，都是陷入逻辑推理陷阱的典型例子。这些陷阱大多都遵循了人类心理发展倾向，为此，人们往往难以意识到自身在这一过程中犯的错误。为了避免陷入逻辑陷阱，我们需要理解演绎推理、归纳推理的特征，养成习惯，一边思考一边警惕自己是否用了"容易犯错的思维方式"。再次以金字塔模型为例，当我们问自己"Why？""True？"以检查提炼出的信息是否可以根据下层信息得出的时候，实际上也是在检查是否落入了推理的陷阱。

⊷ 正确进行推理的好处

那么,如果能做到"小心逻辑陷阱",正确地使用演绎法、归纳法,将会为商务人士带来怎样的好处呢?我认为,存在以下五点好处。它们也都是如今商务场合中不可或缺的。

①理解能力的增强

在听别人说话、阅读文章时,正确的推理可以帮助我们更好地理解对方的逻辑,进而有助于我们较快地理解对方的主张。如果能够缩短花在理解上的时间,我们便可以将节约下来的时间用于思考。

②批判能力的增强

随着理解力的提高,我们更容易发现对方的逻辑错误。如果是在公司内部的会议上,适当地指出这样的错误能够提高会议的产出(当然,在指出错误时,我们也需考虑到情面)。在交涉、诉讼的场合,我们则可借此抓住对方的逻辑漏洞,展开进攻。

③推理能力的增强

从对方的结论、最终主张以及明示的论据出发,我们更容易反推出对方隐含的前提与信息。如今,随着全球化进程的加快、雇用形态的多样化,我们越来越需要与背景不同的成员进行沟通。在这样的大背景下,这一点尤其重要。在开头的案例中,我们也对沟通对象思考的前提(对方自身可能都没有明确地意识到)进行了推测。

④说服能力的提升

正如开头案例所示,通过正确的推理,我们能够在各种场合中明确论点与论据的关系,进而更容易说服对方。究其原因,听者、读者若是能理解说话人、作者的话语(逻辑),理解"对方基于怎样的脉络去思考",对说话人、作者所主张的内容也更容易接受。反过来说,如果逻辑不通,堆积再多的事实也都无济于事。只会让听者、读者倍感混乱。

⑤创造性的提升

虽说要按演绎法、归纳法进行思考,但事实上,答案不一定"只有一个"。由于推理所用的信息以及作为前提的思维方式不同,结论也会有所不同。

比如,在思考日本的相关问题时,人们大多会将人口减少作为前提条件,移民大多不会被当作前提。但是,若是对前提进行更改,便有可能推导出不同的结论。

若能事先理解这一点,我们便能以更开放的心态看待各种各样的意见。同时,通过更换信息与前提,我们也可以做到"强迫自己进行思考"。这样一来,我们就会产生创造性的想法。

接下来,让我们看一看演绎法、归纳法的具体内容。

(2)演绎法

演绎法也被称为三段论法,其定义为"将两个信息联系起来,从中得出某一必然结论的思考方法"。举个例子。

"每个人的个人信息得到充分保护是社会需求"——一般结论
"由于公司的业务特点，D公司掌握着许多客户的个人信息"——现象
➤ "D公司必须着力保护客户的个人信息"——导出的结论

"当计划实施的利大于弊时，则应落实该计划"——规则
"投资方案B的利明显大于弊"——现象
➤ "应该落实投资方案B"——导出的结论

通过以上两个例子，我们可以知道，演绎法是由"规则"（或是一般结论）、"现象"以及（必然能够导出的）"结论"三部分构成。也就是说，将"现象"对照规则、一般结论，基于现象是否符合规则而得出结论（图表2-1）。

图表2-1 演绎法的框架

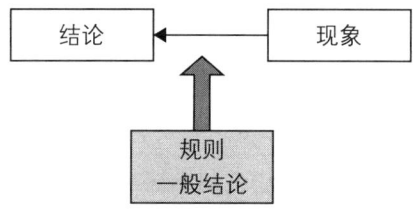

演绎法是最为自然的思考方式，即通过既有信息与新信息的结合推导出结论。但是，我们若是对规则、一般结论把握不准，逻辑跳跃或是将现象对照不应作为对照标准的规则，便有可能会导出错误的结论。关于这些易犯的错误，我将在本书第95页之后进行详细说明。

●━● 导出结论：演绎法

首先，让我们练一练如何运用演绎法导出结论。在练习1的"＿＿＿"中，我们应该填入什么呢？

练习1

"一般来说，自有资本成本高于债务资本成本"
"自有资本成本与债务资本成本经加权平均之后计算出资本成本"[①]
"最近，P公司发行了企业债券"
➢ "＿＿＿＿＿＿＿＿＿＿"

解析1

在这个练习题中，关键在于能否推导出"自有资本的比例上升之后，资本成本便会随之上升"或"债务资本的比例下降之后，资本成本便会随之降低"这一规则。若能推导出这一规则，加之公司债券也属于债务的一种，便必然可以导出以下结论。

"一般来说，自有资本成本高于债务资本成本"
"自有资本成本与债务资本成本经加权平均后计算出资本成本"
"最近，P公司发行了企业债券"
➢ "P公司的资本成本会降低"

练习2

"若是能满足'先于其他公司开展此项业务''融资成功'这两大条件，

---

① 说得严密一些，资本成本是"自有资本成本"与"债务成本×（1－所得税率）"的加权平均数。

便能取胜"

"已先于其他公司进军该业务市场"

"结果失败了"

➢ "＿＿＿＿＿＿＿＿＿＿"

解析2

这一题与练习1有些许不同。相比用现象对照规则，这一题更需对比现象的内容以导出结论。也就是说，属于演绎法的应用。

"若是能满足'先于其他公司开展此项业务''融资成功'这两大条件，便能取胜"

"已先于其他公司进军了该业务市场"

"结果失败了"

➢ "<u>融资不顺利</u>"

上面两道题是不是没有那么难？只要按照逻辑顺序推导，练习1、2其实都不难解决。

专题：包含关系与必要条件、充分条件

在演绎逻辑的推导过程中，如果我们能用包含关系来思考，很多问题就会变简单。比如，以下这段有名的三段论就可以用图2-2的包含关系来思考。

"人是会死的"

"苏格拉底是人"

➢ "苏格拉底是会死的"

图2-2 包含关系

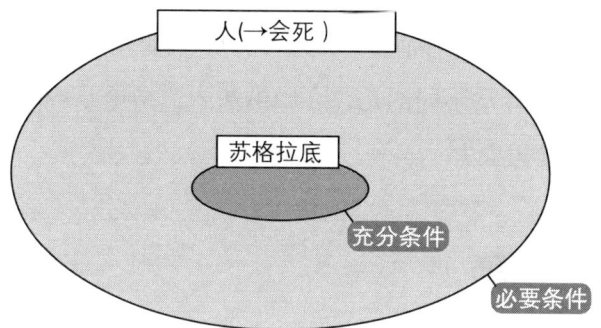

从图2中我们也可以看出，正因苏格拉底是人，所以他必然会面临死亡。因此，当包含关系成立时，我们便将包含内容（包含其他内容的内容）称为"必要条件"，而被包含的内容则是"充分条件"。以公众公司[①]与股份有限公司为例，因为股份有限公司包括公众公司，所以"是股份有限公司"便成了"是公众公司"的必要条件（因为要成为公众公司，必须是股份有限公司），而"是公众公司"便也成了"是股份有限公司"的充分条件（因为是公众公司便必然会是股份有限公司）。

---

① 指发行的全部或部分股票的内容中，没有设定转让购买股票时需要其允许的股份公司。公众公司有两种情况：一是公司发行的股票中只有部分种类附加了转让限制，二是全部股票都未附加转让限制。在一般用语中，公众公司有时也指上市公司，需要注意的是，日本公司法对于公众公司的定义有别于此。没有设定股票转让限制的公众公司可能拥有不特定的大量股东，与非公众公司相比，对股东个性的重视程度偏低。——译者注

（3）归纳法

归纳法是思考顺序与演绎法相反的思考方法，并非是通过规则与现象推导出结论，而是着眼于眼前事项的共同点，由此导出规则或是那些顺理成章的结论。与演绎法不同的是，在归纳法中，结论并不能自然得出，其推导过程往往需要想象力。

图表2-3 归纳法的框架

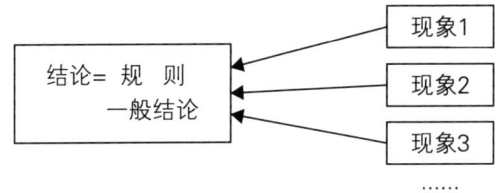

下面举一些归纳法的例子。

"千叶4区的'一票之差'①是高知3区的2.39倍，位居日本第一"
——现象1
"神奈川10区的'一票之差'是高知3区的2.37倍，位居日本第二"
——现象2
"东京6区的'一票之差'是高知3区的2.33倍，位居日本第三"
——现象3
（众议院小选举区，数据统计时间：2011年9月）
> "'一票之差'大的选区大多为都市"——规则（一般结论）

---

① 选举中，选区所分配到的选举席位数与当地享有投票权人口的差异所导致的一票分量的差别。——译者注

"C公司的技术资产十分雄厚"——现象1

"C公司的股价极低"——现象2

"C公司的创始社长后继无人，想要引退"——现象3

➤ "C公司将成为被收购、合并的目标"——规则（一般结论）

　　这里想要提醒大家注意的是，导出的结论未必只有一个。在第一个例子中，结论可能就是"首都圈内的选举区的'一票之差'会很大"。但根据我们所认为的千叶、神奈川、东京三大地区的共同点的不同，结论也会有所不同。顺便补充一句，因为第4位是北海道1区（札幌市的一部分），所以若是同时归纳这一现象，便无法得出前边的这些结论。

　　也就是说，与必然可以通过三段论法得出某一结论的演绎法不同，若是想要通过归纳法推导出有意义的结论，我们需具备一定的相关知识。换句话说，即使是面对同一现象，未必所有人都能看出其中的门道。有人能得出有意义的结论，但也有人无法得出有意义的结论。比如，在C公司的例子中，若不具备商务、企业并购相关知识，便无法得出任何结论。此外，由于我们无法掌握所有情况，理应用"或许……吧"的推测语气来表达我们依据归纳法推出的结论。但在实际情况中，我们往往会基于少数现象推导出结论，并用"……是……"来断定某一结论。

　　已成为常识的理论也是一样。大多常识性理论都是通过归纳法建立假说，再经论证之后成立的。经营学的世界同样如此。我们常常会通过对企业进行观察、调查，摸索出其中具有规律性的内容。比如，在思考"企业应按照怎样的步骤进行改革"时，我们常常会找出几家改革成功的公司的例子，对它们的改革步骤进行调查、研究，找出其中的共同点。

如同演绎法一般，归纳法也会因为应用不当而导出错误的结论。比如，我们常常会在没有充分观察现象的情况下就草率地推出某个一般性结论。或者，选取的观察对象本身就不太恰当。关于这些易犯的错误，我将在本书第 112 页之后予以详细论述。

●—● 导出结论：归纳法

接下来，让我们练习一下如何使用归纳法推导结论。从以下观察对象中，我们可以导出怎样的结论？

练习

"酒店业经营效率的高低对其收益具有重大影响"
"航空业经营效率的高低对其收益具有重大影响"
"咨询业经营效率的高低对其收益具有重大影响"
➢ "＿＿＿＿＿＿"

解析

在这一问题中，根据所想的"酒店业""航空业"与"咨询业"共同点的不同，答案也会有所不同。希望各位能仔细思考，推导出有意义的结论。这里，我将给出以下结论。

"酒店业经营效率的高低对其收益具有重大影响"
"航空业经营效率的高低对其收益具有重大影响"
"咨询业经营效率的高低对其收益具有重大影响"

> "在固定费用占比高、无法保存产品和服务的服务业中，经营效率的高低对其收益具有重大影响"

由此可知，在运用归纳法推导结论时，一定程度的知识储备与想象力都是必要的。这也是我在上文中提过的。

（4）演绎型思考与归纳型思考的关系

演绎法与归纳法可谓密不可分。为了加深对这两者的理解，让我们先来看一看它们之间的关系。

正如前文所述，在归纳型思考中，我们需要找出观察对象的共同点，由此推导出一般结论或是规则。而被推出的一般结论与规则，将成为演绎法中不可或缺的一般结论与规则。当我们再观察别的现象时，若发现其同样可用之前推导出的规则来解释，该规则便会成为具有公信力的规则。但若是出现某一现象无法用该规则解释，该规则的可信度便会下降，由此需要我们重新观察、予以修正（图表2-4）。请结合下面这个例子思考一下。

"在新车销售市场中，混合型动力汽车的比重正不断增大"——现象1
"购买免洗米的消费者正在不断增多"——现象2
"在工作设备中，可循环的设备激增"——现象3
> 归纳法"消费者正在寻求'环境友好型'产品"——结论＝规则

"消费者正在寻求'环境友好型'产品"——规则

"我公司率先实现了新商品零件可回收率的提升,将零件的可回收率从50%提升到了90%"——现象

➢演绎法"我公司新商品的销量将会十分可观"——结论

图表2-4 演绎法与归纳法的关系

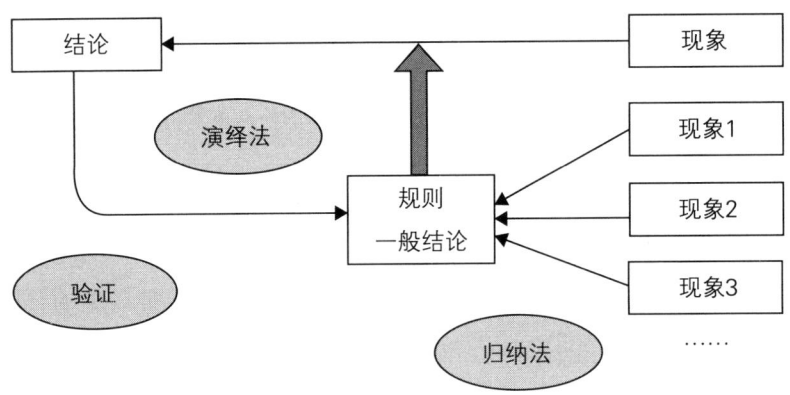

在这里,为了对内容进行简化,我们姑且认为会对销量造成影响的只有产品本身(无视广告、渠道等影响因素)。这样一来,如果该商品的销量良好,"消费者正在寻求'环境友好型'产品"这一规则的可信度便得到了加强。

相反,如果该商品销路不佳,该规则就会受到质疑。由此,我们可能就需要重新观察,推导出别的结论,或是重新考虑之前选择无视的广告、渠道等要素带来的影响。比如,如果调查结果显示,消费者认为此商品价格过高,那我们导出的结论可能就会变为"消费者正在寻求'环境友好型'且性价比高的产品"。

（5）分析逻辑推理

上文提到过，不管是多么复杂的逻辑推理过程，都可以用演绎型思考与归纳型思考对其进行分解。接下来，就让我们运用演绎型思考与归纳型思考对下面这一案例进行分析。请大家思考一下，哪一部分属于演绎型思考，哪一部分属于归纳型思考。

练习

A 部长："本次，X Partners 投资了我们公司，好像会送几个人进我们的董事会。而且，他们似乎会成为我们的第一大股东。"

B 部长："X Partners？就是那个经常上电视的投资基金吧。"

A 部长："没错，我问过负责经营策划的 C 董事了，这几天就会召开发布会，新任董事好像 6 月份来。"

B 部长："这样啊……看来我们公司终归也要大裁员啊。"

A 部长："会吗？我们公司虽说近几年确实都是赤字，但财力、实力还是有的啊，没那么快裁员吧。"

B 部长："你想得太美好了。X Partners 是美国的投资基金，他们可是把收益、回报看得很重的，大概过几年也会把股份卖掉。"

A 部长："这倒也是。"

B 部长："前几年，X Partners 参与了 L 公司的管理，对 L 的人事进行了很大的调整。他们对 M 公司也是一样。"

A 部长："从现在的情况来看，我们和 L、M 的确很像。"

B 部长："没错！L、M 两家公司虽然在技术、销售方面有一定的实力，但都被埋没了。而且，他们内部好像也的确存在人员冗余等问题。所以 X

Partners 进入之后，首先进行的就是裁员。可谓将选择、集中进行到底。他们就是想借此提高企业的价值，这是他们一贯的风格。不过和那些秃鹰投资基金相比，他们已经算好的了，还想要提高企业的价值。那些秃鹰投资基金直接就把企业解体了。"

A 部长："这样说来，N 公司好像也一样。我的一个熟人正好在那里工作，听他说，最近 X Partners 也开始参与他们的管理了。"

B 部长："照这个势头下去，我们公司离裁员也不远了。人员冗余这点，大家都意识到了，应该叫停的业务也不少。这样看来，稍微采取点措施，公司的价值很可能就会得到提高。现在的管理层啊，都是些保守的人，一旦美资基金进来，经营管理肯定能得到彻底改善。"

A 部长："嗯，虽然说在资本主义的世界里，这都是没办法的事，但真没想到会发生在自己身上啊。这世界真残酷。"

解析

在这道题中，A 部长几乎都是在附和，主要还是 B 部长在强调自己的主张。所以，就让我们试着分解一下 B 部长的推理过程（其中也会涉及 A 部长的部分评论）。

最终结论如（a）所示。

（a）

"X Partners 擅长通过选择、集中化来提升企业的价值，对于冗余的人员，直接裁员"——规则（或一般结论）

"我们公司人员冗余"——现象

➤ "投资了我们公司的 X Partners 也会在我们公司进行裁员"——结论

上述推理过程运用的是演绎法，但其中的"规则"是基于过往的案例、通过归纳推导出的。

"在 X Partners 参与管理的 L 公司中，对于人员冗余现象，其直接采取了裁员手段"——现象

"在 X Partners 参与管理的 M 公司中，对于人员冗余现象，其也直接采取了裁员手段"——现象

"在 X Partners 参与管理的 N 公司中，对于人员冗余现象，其也直接采取了裁员手段"——现象

> "X Partners 擅长通过选择、集中化来提升企业的价值，对于冗余的人员，直接裁员"——结论

此处的关键点在于，要意识到"人员冗余"属于 L、M、N 公司的共同点。如果 L、M、N 三公司凑巧都属于制造业，那么"制造业"也会成为三者的共同点。而若是将"制造业"作为三者的共同点，推理过程又会发生新的变化。下面的（b）便是以"制造业"为三公司共同点的推理过程。其最终结论虽然与（a）相同，但说服力却会有所下降。

（b）
"X Partners 会直接裁减其投资的制造业公司的员工"——规则
"我们公司属于制造业"——现象
> "投资了我们公司的 X Partners 也会在我们公司进行裁员"——结论

如果对 B 部长的主张进行分解并用图来表示，便可得到图表 2-5。

当公司的体制发生改变时,类似上述两部长的对话总是不可避免的。但B部长的"叹息"实际上很符合逻辑和具有说服力。

图表2-5 逻辑推理的具体案例

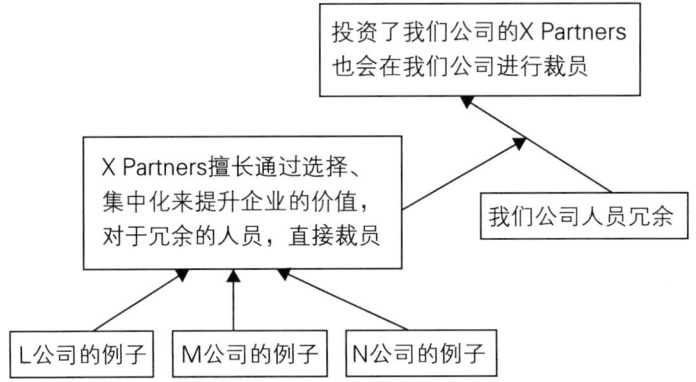

2 逻辑推理的核对点

在本节内容中,让我们看一看运用演绎法、归纳法进行推理时都有哪些"陷阱"。在商务场合中,不少人会落入这样的陷阱。比如,在尝试说服某人失败之后,往往会错误地推测"大概是因为……吧",就此放弃进一步的尝试。

加强对"陷阱"的意识,我们的商务交涉、沟通就会变得更顺畅、更有效率。

(1) 错误的信息

第一种陷阱是"错误的信息"。不论逻辑推理的过程有多严密,一旦其中包含的信息出现错误,推导出的结论必然是错误或缺乏说服力的。

首先,让我们看一看演绎推理中出现错误(或非必然正确)信息的情况。

"在硬件与软件相结合的业务中,基本是通过软件获利"——非必然正确的前提

"苹果公司所开展的业务属于硬件与软件相结合的业务"

> "苹果公司基本是通过软件获利"——错误的结论（在苹果公司的多项业务中，主要是以低价的软件为"诱饵"，获利还是依靠高价的硬件设备）

在上述例子中，由于规则本身不合理，所以产生了错误结论。
接下来，让我们看一看归纳推理中出现错误信息的情况。

"乐天集团将英语作为公司内通用语言"
"西科姆集团将英语作为公司内通用语言"——错误信息
> "在加速开展国际业务的日本公司中，越来越多的公司开始将英语作为公司内的通用语言"——缺乏说服力的结论

由于三个信息中有一个出现了错误，所以导致结论的说服力有所减弱（2012年5月的信息）。

为了避免落入上述陷阱，我们需要在日常多方面收集信息，同时，养成提问"True?（真的吗？）"的习惯（尤其是在"总感觉哪里有点奇怪"的时候）。

那么，让我们用"错误的信息"这一视角，思考以下的逻辑推理过程中出现了哪些"错误信息"。

"顾客的满意程度越高，企业越能提升收益"

"当公司以接近成本的价格出售高端产品时,顾客的满意程度上升到了极高水平"

➢ "我们公司的收益将会有所提升"

解析1

在这个例子中,"顾客的满意程度越高,企业越能提升收益"的合理性有待确认。的确,顾客的满意程度在一定范围内会与企业的收益挂钩,但盲目追求顾客的满意程度往往会带来企业无法承受的高成本。这个例子也是如此,接近成本的定价的确可以让顾客满意,但未必能够提高企业的收益。

练习2

"新加坡的世界竞争力很强"

"中国台湾地区的世界竞争力很强"

"日本的世界竞争力很强"

➢ "在发达国家和地区中,东亚、东南亚国家和地区的世界竞争力强"

解析2

据洛桑国际管理学院(International Institute for Management Development,IMD)关于世界竞争力(2011年度)的数据显示,新加坡位列第三,日本位于第二十六位。虽然竞争力很难定义,但若是参照这一指标,恐怕也难以断定日本的世界竞争力很强。

（2）隐含的前提

在以下内容中，我将为大家具体介绍演绎法"特有"的陷阱。在那之前，大家有必要了解演绎法陷阱产生的原因，即演绎型逻辑推理的特征——"在演绎法的运用过程中，若是严密地进行推导，推理过程便会变得十分冗长。为此，我们需要在一定程度上对其进行省略"。举个例子，假设现在有人说："因为少子化的进程似乎不可阻挡，所以为了老年生活我们需要多多存钱！"若是对该言论进行严密的推导，我们可以将推导过程分解为以下四部分：

① "多年后的劳动人口是由出生率决定的"
"日本的少子化（低出生率）进程似乎不可阻挡"
➢ "多年后的劳动人口将会减少"

② "养老金很大程度上是劳动人口收入向老年人口收入的转移"
"多年后的劳动人口将会减少"
➢ "多年之后，随着劳动人口的减少，老年人口收入（退休金）将会减少"

③ "为了度过较为漫长的老年生活，老年人口需要一定的财富"
"多年之后，随着劳动人口的减少，老年人口收入（退休金）将会减少"
➢ "老年人口将迎来仅靠退休金难以生活的时代"

④ "虽然老年人需要一定的财富以度过较为漫长的老年生活，但其难以参加工作以获取收入"

"老年人口将迎来仅靠退休金难以生活的时代"

➤ "我们必须尽早为退休之后的生活进行储蓄"

如果听众是对经济、退休金机制毫无所知的人，或许就需要我们展开这般详细的说明。但是，如果是在毫无意识、自然说出口的情况下，①~④的推理过程就会被我们省略掉。为什么这么说？因为对于具备了一定知识的人来说，这些逻辑都是理所当然的，没有必要将其一一说出口。站在听众的角度看来，一步一步地说明也会让他们感到厌烦。

但是有时候，这样一种"省略"反而会成为演绎推理中的陷阱。其中之一便在于"隐含的前提"。让我们来看一看这种陷阱。在演绎逻辑需要进行的、一定程度上的省略中，被省略的常常是规则（大前提）。规则之所以会被省略，是因为说话人的脑海中早已将其作为理所当然的内容。刚才提到的少子化与退休生活的例子正是如此。但是，规则的省略有时会导致说话人无法传递自身的真实想法，结果招致误会，引发与说话人期待相悖的反应（图表2-6）。

相反，从听众、读者的角度看来，事先准确地把握对方的论据，即事先把握"隐含的前提"是很重要的。让我们看一看什么是隐含的前提。

某公司国际部部长说了下面这段话：

"本次派往美国工作的有两位候选人。一位是A，性别男，单身，2004年进入公司，来国际部已经有7年了。另一位是B，女性，2002年进入公司，来国际部4年，有一个年幼的孩子。不管哪位去都算是升迁。在这种

图表2-6 隐含的前提

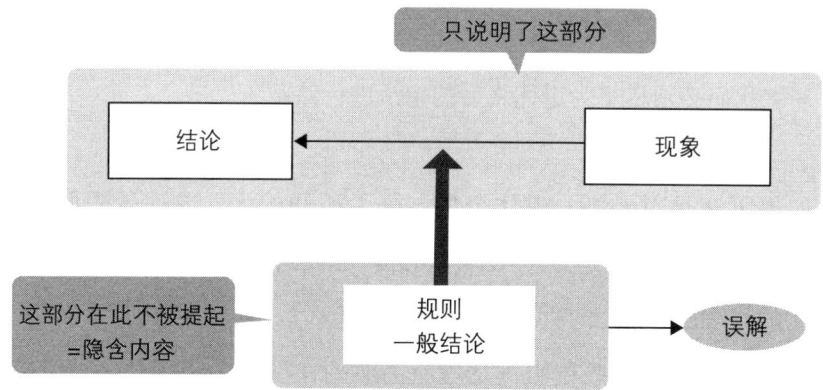

情况下,我们决定让 A 去。"

在这个例子中,给出了 A、B 的相关信息以及"派 A 去"这一结论。但是,并没有给出推导出该结论的规则与前提。其实,国际部部长心中的推理过程应该是下面这样的:

"应该派在国际部工作时间长、外派对生活影响小的候选人前往美国"——规则

"A 来国际部已经有 7 年了、单身,B 来国际部 4 年、有一个年幼的孩子"——现象

➢ "派 A 去"——结论

但是,如果部长不说出这一推理过程,下属可能会这样猜测:

"部长之所以选了男候选人 A 而没有选女候选人 B,难道是因为他在提拔员工上优先考虑男性?"

如果该下属一心认为"部长在提拔员工上优先考虑男性"且不经意地将这话说给别人听,不仅误解了部长的真实想法,女性职员也都会觉得心里不舒服吧。像这样,在容易产生误会,特别是该误会会带来麻烦的情况下,我们有必要对包括"规则"在内的推导过程进行详细说明。同时,作为听众,如果对自己的推测不确定,也需要向对方确认。

在下面的演绎推理中,"隐含的前提"是什么?请思考"＿＿＿"中应填入怎样的内容。

"＿＿＿＿＿＿＿＿"
"A 英语很好"
➢ "我们公司应该录用 A"

解析

假设这里有以下三个前提。若是不对前提进行说明,请问在哪种情况下会造成对方的误解。

"在我们公司的业务开展中,英语能力是不可或缺的"
"A 英语很好"
➢ "我们公司应该录用 A"

"擅长英语的人大多具备其他卓越的商务能力"
"A 英语很好"

> "我们公司应该录用 A"

"擅长英语的人大多都很上进，且对环境的适应力强"
"A 英语很好"
> "我们公司应该录用 A"

即使是对自己来说极为理所当然的前提，由于听众的不同，也会产生不同的误解。除了上述答案之外，请大家思考一下，还有没有其他前提。

（3）跳跃的逻辑

在"必须进行省略"的演绎逻辑中，另一种陷阱便是"逻辑的跳跃"，即由过度省略导致对方无法推测说话人逻辑的情况。"逻辑的跳跃"可分为两类（图表2-7）。

图表2-7 逻辑的跳跃

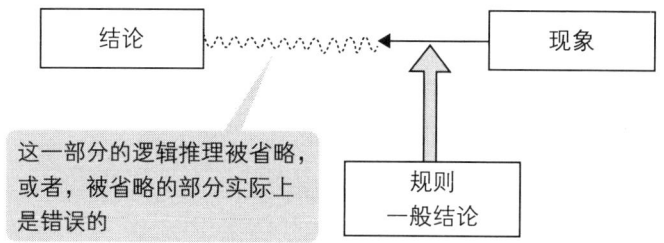

①逻辑本身没有错误，但过程的省略让听者感到疑惑
②被省略的逻辑不够严密或有误

那么，让我们看一看"逻辑的跳跃"的具体例子。

"以终身雇佣为前提的同质性、同伴意识是日本企业的特征"——一般结论

"'感性的'磨合型业务架构① 说明了日本企业同质性水平与同伴意识之高"——现象

➤ "日本的发展重心应转向服务业"——逻辑的跳跃

如果上述两个前提是正确的，从中得出的结论只会是"日本企业擅长'感性的'磨合"。其与结论"日本的发展重心应转向服务业"仍有多重阻隔。如果这一例子属于"逻辑的跳跃"中的模式①，那么，我们可能要经过以下推导过程才能得出最终结论（下边的推导过程也存在部分"省略"）。

"组装的人工费在制造业中占了巨大比重"

"标准化生产② 会降低组装过程中的附加价值"

➤ "对于人力成本低廉的国家来说，制造业的标准化生产是有利的"

---

① 磨合型业务架构通常是与完全模块化（标准化）及组件优化中追求增加值的组装型业务架构相对而言的。其理念内涵在于，被水平分工的各部门基于合作及协商的共同作业来提高产品的完成度，在原有功能的最大化中追求增加值。——译者注

② 规格生产，标准化生产。在需要大量不同的零部件的生产中，将部件分为不同组而进行装配的方式，是与多品种少量生产相对应的一种生产模式。——译者注

"对于人力成本低廉的国家来说，制造业的标准化生产是有利的"
"日本企业的人力成本高"
➤ "制造业的标准化生产会导致日本制造业在成本方面失去竞争力"

"日本企业擅长'感性的'磨合"
"制造业的标准化生产会导致日本制造业在成本方面失去竞争力"
➤ "制造业的标准化生产会导致日本制造业失去优势，在生产成本上处于劣势"

"日本最大的产业是制造业与服务业"
"制造业的标准化生产会导致日本制造业在成本方面失去竞争力"
➤ "日本的发展重心应转向服务业"

这样解释之后，整个逻辑看起来就通顺了。但是，其中的具体内容还需要进一步的讨论、确认。比如，"制造业的标准化生产会导致日本制造业失去优势，在生产成本上处于劣势"究竟正确与否？此外，即使制造业的竞争日益激烈，是否就说明"日本的发展重心应转向服务业"？这些都需要进一步的考虑。

当我们仔细检查是否存在逻辑上的跳跃时，经常会发现这些很难说通、缺乏说服力的论断。这样一来，最开始的推理便可以算是"逻辑的跳跃"中的模式②。当感到对方的逻辑存在跳跃时，我们应该对每一个环节的"为什么"进行思考，（或者直接通过提问）进行理解。在检查自己的逻辑是否存在跳跃时通常也采用同样的方法，即按步思考"为什么可以推导出这个结论"。

下面的演绎思考存在"逻辑的跳跃",请找一找哪一部分出现了"跳跃"。

某中等 IT 公司社长发言

"在 IT 行业中,网络的效果很容易得以发挥"

"A 公司正逐渐成为 IT 行业中的独角兽"

➤ "我们公司应在缝隙领域寻找出路"

解析 1

下面是该社长的逻辑推理过程。

"网络效果的充分发挥很容易导致独角兽的出现"

"在 IT 行业中,网络的效果很容易得以发挥"

➤ "在 IT 行业中,很容易出现独角兽"

"在 IT 行业中,很容易出现独角兽"

"A 公司正逐渐成为 IT 行业中的独角兽"

➤ "A 公司会成为 IT 行业的独角兽"

"一旦出现了独角兽公司,其成本、便利程度领先于其他公司的优势就会越来越大"

"(A 公司会成为 IT 行业的独角兽)。另一方面,与 A 公司相比,我们公司属于在规模上有极大劣势的中等企业"

➤ "我们公司与 A 公司在成本、便利程度上的差距会越来越大"

"当无法通过成本、差别化打败对手时，取胜的方法便只有集中"

"我们公司与 A 公司在成本、便利程度上的差距会越来越大"

➤ "我们公司应在缝隙领域寻找出路"

由于缺失了推理过程的中间部分，我们很难知道社长是出于什么样的理由得出最终结论。并且，因为推理过程并不牵强，所以这个例子可以算是模式①。

练习 2

"日本企业管理也需逐渐重视起股东的地位"

"在利润分配方面，S 公司将利润都用作内部资金储备，并未将其用于投资、分红"

➤ "S 公司的股价会下跌"

解析 2

"一般来说，企业的利润有两大用途：一是用于投资未来的发展，二是在没有投资计划的情况下作为红利分给股东"

"日本企业管理也需逐渐重视起股东的地位"

➤ "日本企业也应将利润用于投资未来的发展，或是在没有投资计划的情况下作为红利分给股东"

"日本企业也应将利润用于投资未来的发展，或是在没有投资计划的情况下作为红利分给股东"

"在利润分配方面，S公司将利润都用作内部资金储备，并未将其投资、分红"
➢ "S公司轻视股东的地位"

"轻视股东地位的公司，其股价会陷入长期的低迷"
"S公司轻视股东的地位"
➢ "S公司的股价会下跌"

在解析中，我们将"一般来说，企业的利润有两大用途：一是用于投资未来的发展，二是在没有投资计划的情况下作为红利分给股东"与"轻视股东地位的公司，其股价会陷入长期的低迷"这两条作为隐含前提的一般结论写了出来，以此明确地展示了整个逻辑推理的过程。同时，从逻辑角度来看，隐含的这两条一般结论都不算牵强，所以这个例子也属于"逻辑的跳跃"中的模式①。不过，追加的"轻视股东地位的公司，其股价会陷入长期的低迷"这条一般结论，虽然感觉说得通，但若是追求逻辑的严密性，或许还需要通过数据进一步验证。

以上这些"逻辑的跳跃"中，有的是因为过度省略，有的是因为被省略的逻辑的正确性存疑。这些"逻辑的跳跃"自然都是亟待解决的问题，但除此之外，我们会经常看见另一种在别的意义层面上跳跃了的"逻辑推理"，那便是"将发生概率较低的命题相关联而展开的推理"。让我们看一看下面这个例子。

假设有人说，"一直喝A果汁会得糖尿病"。
若是对这一结论的逻辑进行分析，便会得到以下的内容。

① "A 果汁包含的糖分很大"
② "摄入糖分大的食物之后，人体对糖分的摄取量便会增加"
③ "过多摄取糖分后会得糖尿病"
➤ "一直喝 A 果汁会得糖尿病"

让我们看一看命题③。虽然过多摄取糖分会存在患上糖尿病的"可能性"，但是，摄取了"多少"的糖分才会患上糖尿病，以及其中"百分之多少的人"会患上糖尿病，这些都是不确定的。即使是所有人过度摄取了糖分，也未必都会患上糖尿病。所以，这里的问题就在于，错把"可能会发生在一部分人身上的事"（概率较低的命题）当作"会发生在所有人身上的事"，并以此为前提得出"一直喝 A 果汁会得糖尿病"的结论。

我们再来看一看命题②，这一命题也未必正确。人若是只摄取糖分多的食物，整体的糖分摄取量定然会上升。但若是摄取食物中只有一种含糖较大，整体的糖分摄取量未必会增加。

综上所述，若是将发生概率低的命题相关联以进行逻辑推理，便会导出错误的结论（图表 2-8）。对于这样一种推理方式，若只是毫不在意地听着，最终会一边觉得"好像哪里有点奇怪"，一边又被迫接受。如果觉得哪里"奇怪"，我们就应验证每一部分的逻辑，确认每一部分的逻辑是基于多大发生概率的命题展开的。

（4）规则与案例的错误匹配

演绎法的第三大陷阱——规则与案例的错误匹配。正如我在上文中提到的，演绎思考采取的是下面这种模式。

图表2-8 低概率的命题

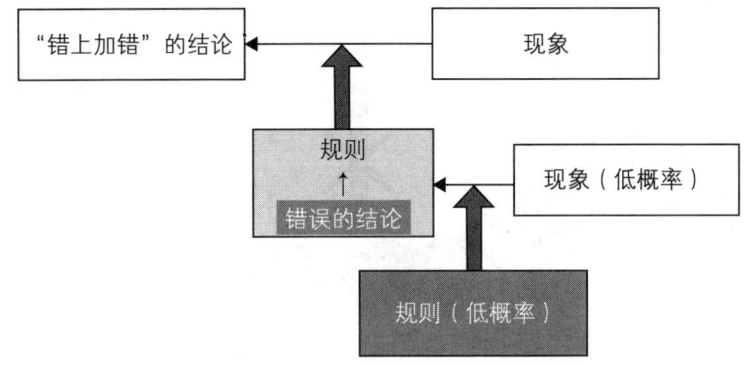

①存在某种规则
②存在符合该规则的"案例"
③通过观察一系列案例，必然会得出某一"结果"

"规则与案例的错误匹配"陷阱指的是，强行将原本不相关、无法联系在一起考虑的"规则"与"案例"联系在一起，由此导出错误的结论。当我们将只能套用在某一集合中的规则任意地用在另一集合中，或是在推理过程中擅自改变定义时，便会落入这一陷阱（图表2-9）。

让我们看下面这个例子。

"银行业成功的关键在于低成本的融资与高回报的投资"
"Seven 银行在贷款业务方面经验甚少，资金主要用于国债购买等低回报的投资"
➤ "Seven 银行难以实现良好收益"

图表2-9 规则与案例的错误匹配

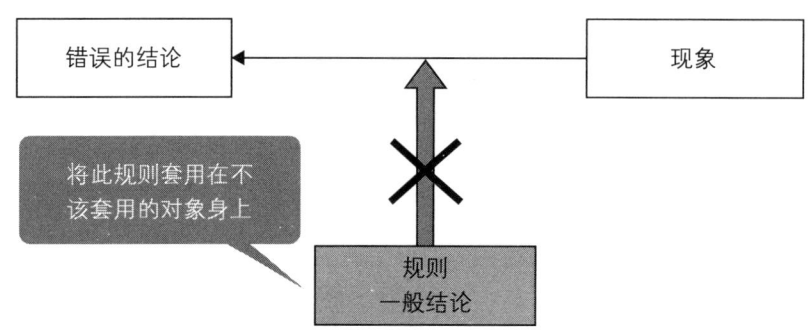

上述推理过程，乍一看可能会觉得正确，但若是考虑到Seven银行一直维持着高收益水平便可知，一定是哪个环节的推理出现了错误。事实上，第一个命题所表达的规则只是以三井住友银行、三菱东京UFJ银行等为代表的商业银行的运营模式为前提的规则，而案例中的Seven银行是利用集团优势、以ATM取款的手续费为主要收入的银行，投资回报并非其主要的收益来源（不过，从2010年开始，该银行将借助Acom株式会社[①]的信用担保开启信用卡小额贷款业务）。

因此，上述例子便属于"规则与案例的错误匹配"。在这样的事例中，也有人是故意进行这样的推理。通过隐藏一部分逻辑，强行将无法套用的规则套用在某一案例中，利用理论让他人信服。此时，听众、读者虽然会觉得"哪里不太对劲"，但终归会因为理论上说得通而被迫认可。所以，当我们无法认可对方的逻辑时，应该向着"规则与案例的错误匹配"方向质疑。

不过，我们也可以从另外一个角度来看待"规则与案例的错误匹配"。也就是说，我们可以在案例中"勉强"地套用某一被广泛认可的规则，用

---

① 三菱财团旗下子公司。——译者注

以寻找新的商业机会。比如，针对上一个例子，让我们试着抛出"银行需要进行低成本的融资与高回报的投资"的前提。这样一来，"（一般的）商业银行""创造信誉才是银行的使命"等前提便浮出了水面。那么反过来说，只要不拘泥于"（一般的）商业银行""创造信誉才是银行的使命"等内容，其他完全不同于此的商业模式也完全可以成立。

商业世界中的"规则"不同于"光速不变"等自然科学界的规则，因为商业规则只会在一定的条件下成立。随着时间、地点以及人们行为方式的变化，很容易不再适用。越是普及、众所周知的规则，怀疑、打破该规则以开拓新事业的回报就越大。

在下面的演绎思考中，出现了"规则与案例的错误匹配"的情况。请找出是哪里出现了问题。

练习1

"对于消费者来说，商品降价是一件开心的事"
"出现了通货紧缩的现象"
➤ "消费者很开心"

解析1

上述内容乍一看好像是正确的，但学过经济学的人应该知道，将第一个前提与第二个前提联系在一起是十分牵强的。事实上，第一个前提也可以表述为"对于消费者来说，个别商品降价是一件开心的事"。另一方面，作为第二个前提中的关键词的"通货紧缩"，并不是指一部分的商品出现降价，而是站在更为宏观的角度上概括出的货币现象。通货紧缩若是持续下去，人们的投资意愿、工资水平均会下降，长期来看，经济规模也会不断缩小。由此可见，并不受消费者的欢迎。

练习2

"能发挥强有力的领导力的人是领导者"

"A是劳务派遣工，他在年底的大扫除中充分发挥了领导力"

➤ "A是领导者"

解析2

上述例子中，名词的定义在中途被替换了。在第一个前提中，"领导力"指的是"企业或部门的管理人作为领导者应该采取的行动，比如构想、传达愿景、高度要求工作成果、培育下属等"。但在第二个前提中，"领导力"变为了广义上的"领导力"，指的是"能够指挥、动员许多人"。因此，基于第一个前提与第二个前提来推导是不合适的。

（5）轻率的一般化

在第5、6项内容中，我将对归纳型思考的陷阱进行解说。在归纳型思考中，我们要特别注意"轻率的一般化"与"不恰当的采样"。首先，让我们说一说"轻率的一般化"。人们很容易基于发生在自己身边的事，或是基于自己听说的事来推导结论，并将该结论一般化。相信大家经常会听到这样的话：

"我周围O型血的人都很随便。说O型血的人懒散果然很准啊。"

"去年暂时调到我们科来的 Y，人很讨厌，仗着自己是 A 大学毕业，总是一副高高在上的样子。今年调来的 Z 也是 A 大学毕业，也很讨厌。果然 A 大学毕业的都很讨厌。"

问题在于，一旦有了这种"刻板印象"，便很容易忽略那些能削弱这种刻板印象的信息，而只关注那些加强这一刻板印象的信息。这也是辩证思维中最应避免落入的一大陷阱（图表2-10）。

下面的例子也十分常见。

"A 公司之前是由一位德国人担任社长，但由于公司在他的管理下业务不断恶化，所以没多久他就被换掉了"

"B 公司前几年提拔了一个美国人担任社长，但是因为他和董事会的成员不和，所以没过多久就辞职了"

➢ "在日本企业中，外国人当不好公司的社长"

图表2-10 轻率的一般化

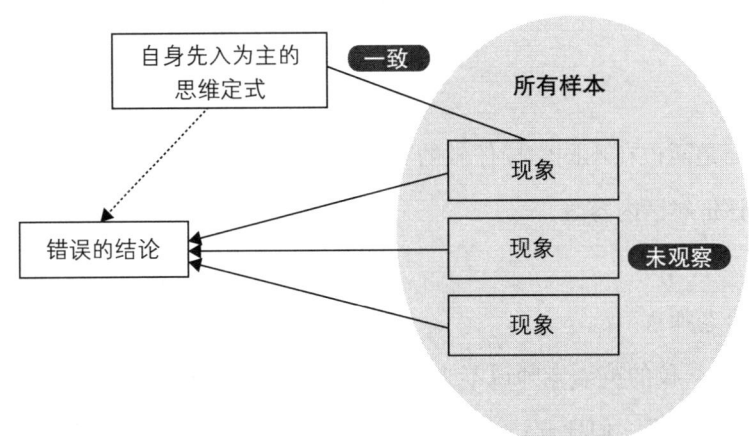

只拥有少数例证的少数派很容易陷入这样的定势思维。为此，我们有必要反思自己的思考是否是基于充分的论据，是否存在"轻率的一般化"。

除了上述极端的例证之外，考虑到归纳法本身的特征，即由观察结果（以推测的形式）推导出一般结论，经常会出现这样的问题——"那么，要基于多少事例才能推导出合适的结论呢？"这一问题实际上很难回答。但是，与自然科学不同，商业活动并非以追求真理为最终目标。在这种情况下，我们便可以将"对理由进行说明时，大多数人都能接受"作为一个评价标准。比如，在之前的例子中，我们提到了"在固定费用占比高，无法对产品、服务进行保存的服务业中，经营效率的高低对其收益具有重大影响"这一结论。关于这一结论，即使不观察其他产业，我们也能在一定程度上推测出其背后的道理。为此，大多数人能够理解与接受。与此相对，关于上述"在日本企业中，外国人当不好公司的社长"的结论，其背后的道理不明，且存在有效的反例（外国人在日企当社长当得很好的例子）可以反驳它，所以，一定会有很多人对其持有不同意见。

练习

下面是两位在不同学校任教的英语老师的对话。请从"轻率的一般化"的角度评价对话内容。

英语老师 A：
"我们学校的英语老师说不来英语。要说那英语文章总能读吧，他们也不是完全能读懂。但比起口语算是好的了。"

英语老师 B：

"我也有同感。尤其是那些 40 岁以上的老师，我至今还没遇到一个能说好英语的。他们没法用英语沟通，所以那些和外教沟通、打交道的活全落到像我一样的年轻老师的头上。指导学生参加英语演讲比赛什么也是一样。一到这种时候，他们总是说'我很忙'来尽量避开。"

解析

从上述对话中我们可以看出，两位年轻老师都有"学校的英语老师不会说英语"的定势思维。其中，B 在一定程度上限定了范围，认为"尤其是 40 岁以上的英语老师，说不来英语"。他是基于自己身边的例子得出了这一结论。也就是说，因为他还没有遇到"会说英语的英语老师"，以及周围的英语老师都尽量避免需要用英语沟通的工作任务，所以他归纳性地得出了这一结论。但是，他知道的英语老师只是日本所有英语老师中的一小部分。尽管如此，他却还是轻率地推导出了这一一般性结论。A 也是一样。从他表达的"要说那英语文章总能读吧，他们也不是完全能读懂"可以看出，相比客观事实，他更多是基于自己身边的情况进行主观的判断。

在这一事例中，还有一点也值得注意，即"不会说英语"这一表达具体指的是怎样的一种状态，尚不明确。是"一句也说不出来"呢，还是"不像母语者那么能说"呢？在这一定义还没有明确的情况下就得出"不会说英语"这一没有根据的结论，着实让人觉得有点夸大其词。由此可见在以某种程度的确信断定某事时，明确相关概念的定义是极其重要的。

> **专题:"抽象的"陷阱**
>
> 当我们想要严密地进行逻辑推理的时候,概念、表达的模糊往往是一大障碍。我们常常会喜欢使用抽象的表达,而这往往也会成为一大陷阱。
>
> 比如,我们会说"要实现渠道的最优配置"。但是,"渠道的最优配置"究竟指的是什么?首先,就"渠道"包含的内容来看,是仅指外部渠道,还是说包括公司内部的销售负责人以及物流网?其次,"最优"指的是什么?是消除各渠道之间的矛盾、废除无法带来收益的渠道,还是指搭建投资回报率高的渠道网络?
>
> 关于这些抽象的表达,如果说话人脑海中其实有具体的构架、只是没有表达出来,那还可以补救。但在大多数情况下,很多人实际上都放弃了具体的思考(在抽象层面止步不前),或是虽然打算去认真思考些什么,但最后却什么都没有思考。从要与第三者达成共识的角度看,最关键的一点是在思考、表达上做到具体、彻底。

(6)不恰当的采样

归纳法的第二大陷阱在于,如果挑选出的样本不能代表所有情况,由其推导出的一般结论便也无法作为一般性结论成立。下面这个例子就是这种情况。

"索尼公司的育儿辅助制度十分完善"

"倍乐生株式会社的育儿辅助制度十分完善"

"宝洁公司的育儿辅助制度十分完善"

> "名企的育儿辅助制度十分完善"

首先可以注意到,上述事例提到的企业都是大型企业。并且,倍乐生在很久以前就以"为女性提供更好的工作环境"而闻名。宝洁作为外资企业,也一直积极开展育儿辅助方面的工作。

因此,基于这些事例归纳出"名企……",便会推导出错误的结论。事实上,对于一些有名但是规模小的企业来说,即使它们想在育儿辅助方面有所作为,很多也只能说是"心有余而力不足"。

"通过在六本木的酒吧的调查结果可知,现在的年轻人认为……"

"通过调查前往涩谷公会堂聆听说唱艺术家 A 的现场演唱会的观众可知,现在的年轻人认为……"

> "现在,日本的年轻人认为……"

对于现在的年轻人来说,去酒吧、去说唱艺术家的现场演唱会十分普遍。不过,这并不意味着参加这些活动的年轻人就可以代表世间所有年轻人的意见(图表 2-11)。然而,就现实情况而言,很多媒体都在滥用这种手段。为此,我们需要在日常生活中养成以批判性眼光看待问题的习惯。

让我们从"取样的准确性"的角度思考,为什么会发生下列情况。

某百货商场为了开拓新的客户,决定修改一直以来的市场计划。为了建立初期的假说,他们决定在百货商场内进行问卷调查,倾听顾客的声音。

图表2-11 不恰当的采样

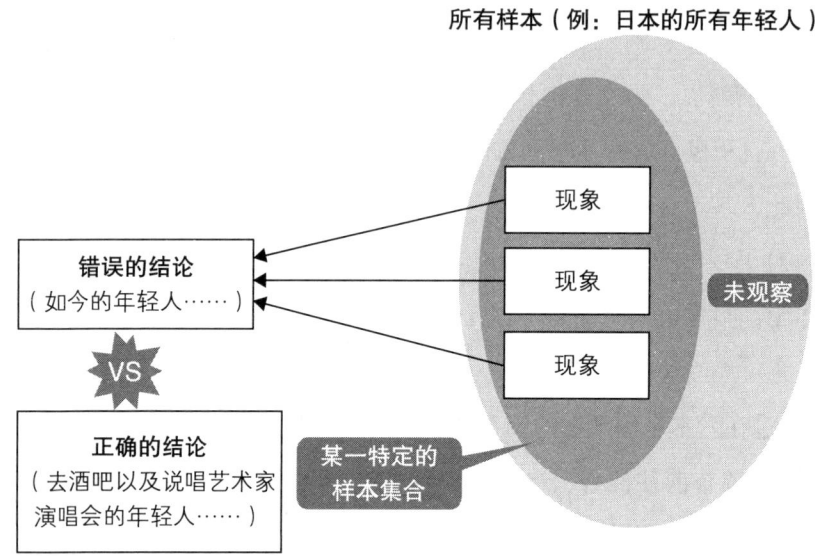

基于收集来的数据,他们建立了一种假说,即扩充"会员卡"的优惠功能、进一步推广"会员卡"是有效的。

解析1

这里的问题已经十分明显了。虽然是要探讨开拓新客户的问题,但却在百货商场这一"既有客户比例极高的地点"进行问卷调查。并且,参与问卷调查的人很有可能都是该百货商场的忠实顾客。若是不在问卷中指明这一属性,明确问卷各部分的内容,便无法基于调查结果采取任何能够吸引新顾客的行动。

Z报调查显示,"提升高收入人群的所得税率"这一政策已经获得了压倒性的支持。某政治家读到了这篇新闻,并在他的演讲中提到了这一观点,但却遭到了现场观众的强烈抨击。

Z报的读者与演讲现场的听众很可能并不属于同一收入水平的群体。如果Z报的读者大多属于中等收入以下的群体,得出上述调查结果便是理所当然。但是,如果是面对高收入人群进行演讲,该内容自然会遭到现场观众的抨击。

专题:逻辑推理过程中的坏毛病

在顾彼思,每年都有数千名商务人士参与批判性思维的课程。在此过程中,我们注意到许多商务人士共通的问题。在这里,我将详细介绍其中三种典型的"坏毛病"。请大家反思一下,自己是否也有这样的"坏毛病",如果有,应该怎样改正。

说不完话的坏毛病

这指的是,虽然搭建了严密的逻辑框架,但是无法从中总结出想要传递给对方的信息。比如,如果上司问"我们公司是否应该进军这一业务市场",你若是只对信息进行罗列"这一市场目前的情况是……其中的龙头企业是……排行第二的企业是……"便无法推导出结论。有这种毛病的人往往认为,只有囊括了所有的信息才是正确的,所说的内容中一定有正确的答案。为了避免推导出错误结论，就干脆不说结论，以此来规避风险。这便是这一毛病的特征。

逻辑跳跃的坏毛病

这指的是，只在自己所想到的内容的范围内进行思考，而忽略了其他可能性。比如，当上司说"我们公司在客户维持这块真是做得不太好啊"，而你却只回应道"那我们就赶紧开展老客介绍新客的折扣活动吧"。在这一过程中，你并没有意识到，如果不分析为什么顾客会流失、公司在产品与服务方面是否存在问题，即使开展了老客介绍新客的折扣活动，也无济于事。说话者可能并没有意识到自身的问题，但听话者一定会觉得对方的逻辑过于跳跃。在这种情况下，如果对方指出了说话者的问题，说话者的思维便会混乱。

过早放弃的坏毛病

这指的是，所面对的逻辑推理问题稍稍有点复杂，就觉得没有动力去改善、验证，思考只是停留在浅显的层面，轻易妥协。由于省略了应该放进来的论据、逻辑跳跃，导致最终得出的结论毫无说服力。存在这样问题的人往往对工作没有什么上进心，缺乏相应的意欲。

3 练习问题

【问题】

为了帮助大家熟练地掌握演绎法与归纳法，我们将在之前所有解析的基础上进行一个总的练习。请大家针对以下不同案例阐述自身的想法。

【案例1】客户跟踪信

斋藤隆太是某职业技能培训学校的销售负责人，进入公司工作已有两年时间。他的业务主要针对那些希望通过技术知识、资格证提升自身职场竞争力的毕业生、想要跳槽的职员等，目的在于帮助他们顺利入学。斋藤所属的部门日前新开了一门建筑设计的讲座课程。该课程的卖点在于小班化教育，学生可以接受一线建筑师的直接指导。并且，学生在课程完成时可获得二级建筑师资格证。有些住在别的城市的申请者甚至会专门跑到这边来参加。由于该培训学校将于明年4月开学，斋藤需要从夏天开始定期地开展说明会，并且通过电话、发送资料给那些没法来到说明会现场的申请者进行促销宣传。

一天，斋藤被上司中岛博子课长叫了去。课长对斋藤说："你知道，对于那些没能来到说明会现场的人，我们一直以来都是通过发送材料、打电话的形式追踪的。但是，现在来咨询的人越来越多了，如果还按这种形式的话，我们根本忙不过来。所以我想以跟踪信的形式来追踪客户。你试着写一个信件模版给我看看，一定要让大家看后就产生非常想来我们学校的冲动。"斋藤回去后马上写了起来。内容如下：

尊敬的××先生/女士：

感谢您对我们学校的关心与兴趣。前些天给您发送了我校的资料，不知之后您考虑得如何？正如资料中所言，作为一所建筑设计的职业学校，我们相比其他学校拥有更卓越的优点。请允许我在接下来的内容中为您简单地介绍一下我们学校，权作补充。我们也衷心希望能够借此在您考虑的过程中提供更多的信息。

首先，我想介绍一下我们强大的教师阵容。我校招募了著名的建筑师作为讲师与特约嘉宾，毫无保留地为您提供最前沿、一流的建筑知识、技术。要想学好一门知识、技术，接受著名的、业界一流的专家的指导不可或缺。我校将帮您实现这一点。我校的许多讲师、特约嘉宾都是国内外一流地标建筑、观光景点的建筑设计者，拥有丰富的获奖经历。您就不想跟着这些优秀的前辈学习吗？

其次，关于我校优质的教育方式。设计的教学自然需要教学者与学生当面沟通。本校推行小班化课程，学生可以得到讲师充分、直接的指导。这种形式不仅有利于学习，更与工作形式相近。有时，学生甚至可以看到讲师实际制作模型、绘图的场景。当然，为了使学生能顺利地考取相应的资格证书，我们还为学生安排了充分的时间来学习设计所需的设备、结构的相关知识。此外，我们还会为学生安排实地考察、合宿等活动，让学生能够实际观赏到优秀的建筑作品。由于篇幅限制，对这部分内容只能简述，但许多毕业生都表示，"通过合宿活动，加深了与周围同学的友情"。

最后，我想介绍一下我们良好的学习、生活环境。校园坐落在东京都内，四周被洋溢着都市感的街道包围。在这样的环境中学习建筑设计，不会有错！同时，周围餐馆众多，据说独居的住户也有很多。您若是想借入学之机搬到新的地方生活，这里也不失为一个理想的选择。

总之，若是选择了我校，一切都能让您安心、放心！如果您还想进一步了解相关信息，请与我们联系。还请认真考虑我校！欢迎您的入学！

【解析】

读了这封信，您有什么样的感觉？读者不同，自然会有不同的想法。即使斋藤是非常诚实地写了这封信，多少还是让人觉得"只是把优点列了一堆"。当然，为了推销、宣传，介绍学校的优点无可厚非。但是，这封信之所以让人觉得没有什么说服力，原因就在于没有说明每一点"为什么好"，没有根据相应的论据踏实地展开说明。

这封客户跟踪信的目的在于向客户展现进入这一职业学校学习的好处。斋藤将理由分成了"强大的教师阵容""卓越的课程设计"以及"良好的学习、生活环境"三点。从框架上来看，具有一定的说服力。但是，每一点相应的论据却不够充足。

比如，"著名的建筑师""最前沿、一流的建筑知识技术""国内外一流的地标建筑"等均为抽象的表达，完全没有涉及具体的内容。由此，从论据角度而言实在是不够充足。

同时，斋藤在信中写道，"要想学好一门知识、技术，接受著名、业界一流的专家的指导不可或缺"，但这只是他个人的想法，并不是大多数人的想法。因为有人可能会想，著名、业界一流的专家未必就擅长教学。或者，也有人想跟那些虽默默无闻、却留下了众多优秀作品的建筑师学习。"教学者与学生当面沟通是必需的"这个观点也是一样。因为学生可以通过相互刺激来学习。因此，可以说这些都是完全没有论据支撑的观点，读者看到的更多的只是写信人自身的某种"深信不疑"。

此外，斋藤在"卓越的课程设计"中提到了"参观学习"，虽以篇幅限制为由没有对具体安排过多描述，但却介绍了毕业生的评价。评价更多是与合宿这一学习形式相关，偏离了参观学习的"内容"。

校园环境部分提及的"独居的人也有很多"也是一样，以不确定的传闻、推测为基础，论据不够恰当。而"只要是在东京都内，到处都是洋溢着都市感的街道"则属于"轻率的一般化"，因为事实不一定如此。

不过，正如刚才提到的，"强大的教师阵容""卓越的课程设计"以及"良好的学习生活环境"这一框架绝对不差。如需修改，只需更具体恰当地对各观点的论据进行补充，便可大大地增强说服力。

【案例２】在新兴国家开发新产品

A公司是生产日用品的厂商，最近正在加快进军新兴国家市场的进程。

其在 B 国的分公司正面向当地市场开发一次性的尿不湿"C"。围绕商品设计的问题，从日本派去的醍醐和夫社长与 B 国当地聘用的事业部部长鲁凡间展开了激烈的论战。

鲁凡部长提出了同时推出高端产品"C Premium 版"与低端产品"C Natural 版"的方案，希望能借此抢占一定的市场份额。

对此，醍醐社长反驳道："你提出的 C Premium 版这一商品策划没什么问题，但关于 C Natural 版，我实在是无法认可。你知道的，我们公司提倡'重视品质'。在企业理念中，我们也提到'以低价售卖优质商品的形式来满足顾客需求，实现企业的长期发展'。企业的经营理念是企业的根基，不能动摇。"

鲁凡部长惊讶地问道："这个方案哪里出了问题？我们就是基于'以低价售卖优质商品'的理念提出的啊……企业的经营理念，我也在努力地理解啊。"

社长反驳道："但如果使用了这种材料，根本就没办法保证产品的优良品质。吸水面积也很小，总让人觉得会渗漏。"

"因为这款产品是面向低端客户的，自然无法与高端的保持同等水平。价格也很便宜，所以总是需要有所牺牲的。"

"这样的话，本就不应该开展面向低端客户的业务。"

"不面向低端客户市场的话，发展会很受限。您知道吧，这个国家 8 成的消费者都属于低端消费群体。如果只面向高端客户市场，将会错失良机。"

"我当然也知道这一点。但是，我们公司就是靠着产品的品质才能获得今日的成功。在日本国内也好，其他国家也好，都是一样的，产品品质与企业的品牌价值有着直接的联系。所以说，实在是不想轻易地推出低质量的产品。"

两人可谓互不相让。

"不不不，C Natural 版的质量绝对不低。即使是拿它与我们竞争对手的最好的产品相比，也能以 10% 的价格优势、30% 的品质领先程度（吸水性、方便程度）取胜。它毫无疑问地算是优质的产品。所以，一定要和 C Premium 版同时推出。"

"……"

两人为何无法达成一致呢？

【解析】

首先，让我们看看醍醐社长的观点。若是用三段论的形式对其进行整理，可得出以下内容：

"A 公司应该提供优质的商品"
"提案中的产品'C Natural 版'算不上优质产品"
➤ "因此，不应售卖提案中的产品'C Natural 版'"

相对地，鲁凡部长的逻辑如下：

"A 公司应该提供优质的商品"
"提案中的产品'C Natural 版'属于优质产品"

> "因此，应按提案售卖产品'C Natural 版'"

从三段论的角度来看，双方都没有错。但是，为什么面对同一种情况却会产生这样的分歧呢？在这一案例中，双方产生分歧的最大原因在于对"优质"的概念理解不同。也就是前提不同。醍醐社长认为的"优质"，是"不输于任何同类产品的品质"。而鲁凡部长所想的"优质"，是"在高性价比的基础上，优于任何以同一客户群体为对象的竞品"。换句话说，醍醐社长的想法倾向于绝对标准，而鲁凡部长的想法倾向于相对标准。

在这一点上，并不是说双方谁对谁错，关键在于，站在企业的角度上，应该如何定义"优质"。这一问题将会是企业今后进军新兴国家市场的一个大问题，所以需要公司决策层尽早讨论。

当然，鲁凡部长希望推出 C Natural 版的观点还可以有别的论据、推理过程。比如下面这一推理过程。

"大多消费者在之后会转向同一品牌的升级版产品"
"随着 B 国的经济发展，高端客户群体会越来越庞大"
> "现在若是能渗透进低端客户群，该客户群体日后转向消费本公司高端产品的可能性将有所增加"

"现在若是能渗透进低端客户群，该客户群体日后转向消费本公司高端产品的可能性将有所增加"
"C Natural 版是面向低端客户的商品"
> "C Natural 版若能为低端客户群体所接受，日后 C Premium 版的销量也将上升"

同样，如果关于 B 国经济发展情况、高端客户群体发展趋势的推测有误，也会导致结论的错误。

当今社会处处充满多样性，表面的逻辑推理实则蕴含着每个人不同的前提。我们必须对此有所理解、掌握。

第 2 章总结

- 逻辑推理可分为演绎型思考、归纳型思考两种方式。
- 严密的逻辑推理，将提高商务人士必需的理解能力、反驳能力、推理能力、说服能力以及创造性。
- 演绎型思考、归纳型思考分别带有典型的陷阱。提防这些陷阱在提高上述能力的过程中具有极其重要的作用。
- 尤其是在进行逻辑推理的过程中，省略的部分往往会产生分歧。对此需要多加注意。

第 **2** 部分

情况分析

第 2 部分　序

情况分析指的是,"明确分析对象在哪里、有着怎样的特征以及为什么会显现出这样的特征"。通过对情况进行分析,我们可以明确相关含义,获得一定的启发,进而更好地进行决策。

无论从事怎样的商务活动,其成败与否,事实上均与许多要素密切相关,十分复杂。面对这纷繁复杂、相互交错的要素,我们难免会不知所措,不由得着眼于自己眼前的部分、自己关心的部分进行判断。运气好的话,兴许能得出正确的结论,但事实不总是如此。同时,我们也不知道失败会带来怎样的后果。

举个例子,在某公司的销售团队中,A 总是能达成非常好的业绩,其业绩在公司内的排名总是数一数二。与此相对,B 获得的订单少之又少,在公司内的评价也很低。即使面对信息如此简单的案例,我们也很难正确地分析判断出为什么两人会产生如此的差距。是因为两人在销售话语技巧方面存在差距,还是对商品的了解程度存在差距,又或者是与客户需求的洞察能力、时间管理能力、办事效率、外貌、公司内的人脉、负责的客户好坏相关……总之,其中的差异数不清。那么,究竟是什么导致这样的业绩差距?我们怎样才能找出其中的相关要素,提升 B 的业绩?

第 2 部分的主题"情况分析"就是关于如何正确地思考、理解极其复杂的商务场景。这一思考技巧不仅有利于我们理解复杂的问题,还有助于我们找到其中的问题点、确定有效的解决方案以及用通俗易懂的方式将复杂的情况解释给他人听。简单来说,"情况分析"就是要将看似复杂的问题分解成几个要素，明确各要素之间的关系，使我们能够同时理解问题的全局与部分。我们也可以将其理解为"以高分辨率来理解情况"。

在解决问题时，我们经常犯"轻易下定论"的错误。也就是说，我们往往会被眼前的表象所迷惑，不"以高分辨率来理解情况"，武断地决定"结论就是这个"，最终导致，原本不是问题的地方被当作问题，真正的问题却被忽视，我们也因此偏离了方向，即使采取了相应措施也得不到理想的效果，或是错过了更好的解决办法。虽然"轻易下定论"的弊端显而易见，但当我们面对复杂或过于庞大的问题时，往往会觉得力所不能及，便不由地将简单推出的结论作为"答案"。此外，由于每个人都拥有"快点找到答案"的欲求，心理上也会倾向于轻率、武断的思考。

为了避免落入这一陷阱，防止自身在复杂的问题前止步不前、停止思考，我们需要踏实地掌握情况分析的方法，养成这样一种习惯。同时，我们也需要再次认识到，情况分析看似是浪费时间的"绕远路"行为，但对于我们挖掘问题的本质必不可少。

⊶ 第2部分的构成

在第2部分，我将对情况分析涉及的主要概念、观点进行解说。

情况分析主要分为两大步骤：首先要正确地把握分析对象的"（现在的）状态"；其次，要明确对该状态造成影响的要素。通过认真地完成这两大步骤，将大问题分解、重新构建为可以顺利解决的小问题，我们便能把握问题的全局。犹如解开缠绕在一起的线头，再重新将其接续一般。此外，我们也可以由此避免上文提到的"轻易下定论"带来的弊端，减少无目的性的分析造成的时间浪费。

我将在第 3 章中介绍，正确地把握情况指的是什么、我们应该着眼于情况中的哪一点。紧接着，我将在第 4 章中介绍，如何找出、认识对眼前情况造成影响的要素。

每一章的最后都会有针对本章内容的练习。为了充分巩固理解，还请各位一定拿起笔，认真完成练习。

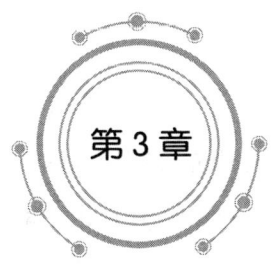

第 3 章

把握现状

案 例

"café ludens 公司"是一家以日本首都圈为中心、经营概念咖啡馆的公司。该公司在多年前提出了"打造充分利用互联网环境、在咖啡味道上也能满足顾客的开放式咖啡厅"的概念。其在东京涩谷开的第一家店，就获得了众多好评。之后，该公司又从首都圈地铁站周边的繁华街道逐渐向城市中心进军，如今正在飞速发展。泽村弘一是该公司企划部的一名员工。他之前在一家 IT 公司工作，随着"café ludens 公司"的高速发展，最近才跳槽来到这家公司。一天，泽村和企划部部长牧田孝之被叫到了公司创始人、社长菅野美智的办公室。因为公司规模小，所以企划部里只有泽村和部长两个人。

"事实上，有一个问题想要你们二位帮忙解决一下……"

"哎？什么问题？"

"最近，各个店铺收到的投诉意见有所增多，大多数都是嫌服务速度太慢。自从上个月，杂志 A 与电视节目 B 采访了我们公司后，顾客数激增，超乎想象。其实这本身没有什么问题，但……"

"于是各大店铺就陷入了爆满的状态？"

"我们公司自创立以来，一直都是靠着那些能够理解我们理念的顾客的支持。可以说，有他们才有我们的今天。以往的'投诉意见'，说是'投诉'，其实都是些积极的建议。比如说，'或许这样做会比较好'这种。要么就是顾客遇到了一些忍无可忍的问题才会写投诉。但这次的问题，多少让我觉得是组织结构上的、根本性的问题。要是因为这个问题让公司的名声下降，对公司的未来可能就会产生巨大影响。当然，我已经让各店店长尽快想办法解决了。但是，我总觉得店铺的组织架构上也有问题。你们能不能帮我调查下这块内容？"

"明白了。我们马上着手调研这件事。"

牧田给泽村下达了如下指示：

"每个店铺都应该有进店顾客人数、座位数的数据。你先去查一查每个店具体在哪个时间段比较挤。然后你看看店铺员工的出勤时间表，看看各个时间段员工的出勤情况能否应对当时的进店顾客人数。"

第二天，泽村交给牧田一张进店顾客人数分布的时间图。他向牧田做了如下汇报：

"关于进店顾客人数，从周一至周五工作日与休息日的比较情况来看，休息日的人数比较多。从时间段来看，顾客来店主要集中在下午3点到下午5点这一高峰时期。需要补充的是，工作日的时候，进店顾客人数是在正午过后开始增多，下午5点达到顶峰，拥挤情况会一直持续到晚8点左右。而在休息日，进店顾客人数是从正午前就开始增多，下午3点达到峰值，之后不断减少。各门店几乎都是这种趋势。然后是员工的出勤情况。总体看来，在顾客人数多的时间段，各门店厨房、大厅的员工数都会有所增加。我通过进店顾客在问卷中打的分以及写的评论了解投诉情况。从投诉的分布来看，可以说每天都会有投诉。而这次投诉的顾客具体是在哪个时间段进的店，由于缺乏数据所以还不明确。"

"谢谢你，辛苦了。但是……这些能说明什么呢？"

"说实话，我也不太清楚……总觉得还能归纳出某一明显的特征，但是……硬要说的话，大概就是要增加店铺繁忙时的员工人数吧。如果能知道在问卷上投诉的顾客具体都是几点进店的，或许还能获得一些信息。"

"这问题通过增加繁忙时店员人数不一定就能解决。至于顾客来店时间的数据,因为要重新收集,也需要花很长时间。你现在手头上的工作我都接过来,然后你这些天就去各店铺实际跑一跑吧。"

"好的,明白了。"

"我不是让你去各个店铺帮忙服务客人哦。你要去观察现场的情况,在不打扰现场店员工作的情况下,问一问他们的想法,看看能不能找到调研的切入口。比如,顾客或许可以分为需要上网的顾客和不上网的顾客,或是只点饮料的顾客和饮料、食物都点的顾客。"

"的确,如果这个会影响顾客'等待时间'的长度的话,我们就要采取新的解决办法。"

"没错。给事实分类并不困难,难就难在如何根据自己的目的找到分类的标准。除了我现在说的这些,你再去找找有没有类似的、能帮我们达成'解决顾客等待时间长的问题'这一目的的切入口。"

1 把握现状是什么？

把握现状指的是，从多方面观察分析对象的整体、构成要素，正确地认识、分析对象的各种特征与各方面的倾向。

以开头的案例为例。在最开始的时候，泽村分别看了一周内每天每个时间段的店铺拥挤情况。据此，得出了"相比工作日与休息日，休息日的来店顾客较多"与"从时间段来看，下午3点到5点的来店人数居多"的结论。此外，关于店员人数，进店顾客人数达到高峰时，各店铺会安排更多的店员上班。

像这样，从多方面、具体地理解分析对象的现状指的就是把握现状。通过对现状的把握，我们更容易明确现状是由什么原因造成的、主要影响因素是什么。若是不对分析对象的现状进行深入的分析、把握，便会迷失在影响现状的众多因素之中，无法正确地把握作为结果呈现出的现状与造成该现状的影响因素之间的关系。相反，如果能够正确地把握现状，我们便能更清楚地把握分析对象的整个构造：什么地方是什么样的，也就是说A……B……这样一来，在制定对策时，我们便也更容易地避免论据不足的下定论行为与低效的地毯式轰炸。总而言之，正确地把握现状是我们深入了解分析对象的构造、进行有效决策的基础。

那么，我们该如何把握现状呢？

首先，在对现状进行把握时，以下两大基本步骤不可或缺：

基本步骤①：分解出构成要素

基本步骤②：多方面把握分析对象

在进行上述两大步骤时，我们最好能从以下四个视点出发把握分析对象的特征：

视点①：把握分析对象的整体构成与其构成要素的分散程度

视点②：思考影响力的大小

视点③：进行比较，明确差分（绝对值或者比例的差距）

视点④：明确规律以及特殊点、拐折点的位置

在本章中，我首先会介绍基本步骤的要点。之后，我将针对如何把握视角分析对象特征进行解释、说明。

> **专题：从输出追溯到输入**
>
> 在分析状况前，比较理想的状态是提前理解输出、输入的机制。输出指的是某一种结果（状态），而输入指的是引发该状态的原因（投入要素）。比如，销售额、成本、顾客满意程度、评价等都属于输出。而商品、店址、店内装修、服务态度等均为输入。在本书第4章，我将提到因果关系，它也可以说是一种"输出与输入的机制"（图表3-1）。
>
> 在进行分析时，首先从①输出、②接近最终结果的地方（如果是进行收益性分析，首先要看销售额与利润）着手即可。一般来说，多

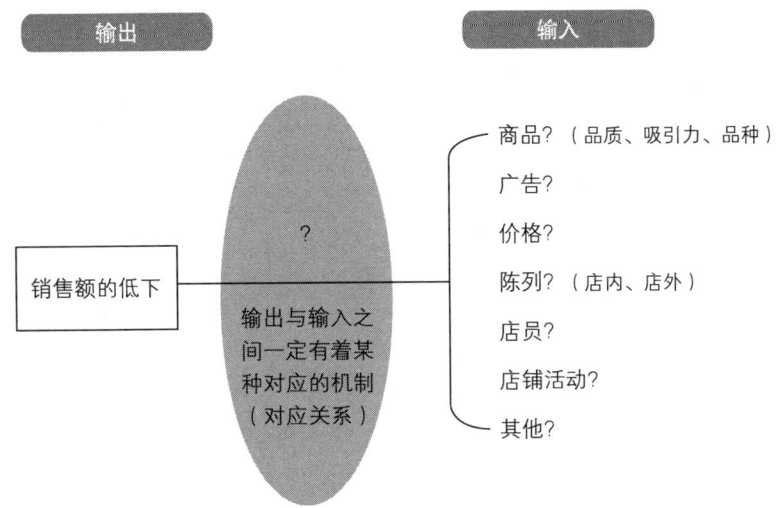

图表3-1 从输出追溯到输入

个输入会综合影响到某个输出。因此,若是以输入为中心进行思考,很有可能会遗漏其他重要因素,由此无法制定出有效的对策。而以输出为起点进行分析,至少能够减少这种遗漏。

　　在商务场合,经常可以看到将输出与输入一起探讨的场景。并且,人们往往会从输入开始思考。举个例子,比如现在某零售业商家的销售额增长陷入停滞状态,大家要讨论如何才能提高销售额。很多人马上会说"我们的商品不好、店员不好、广告不好……"为什么会出现这种情况?因为输入方面的原因总是显而易见的。人们为了快速得出答案往往会从输入入手。但是,若是不切实掌握输出的情况,思考输出与输入间的关联性,往往会产生疏漏,最终导致问题无法解决。

　　比如我们可以将销售额这一输出分解为来店顾客人数 × 购买率 × 客单价,然后将其与广告这一输入因素放在一起考虑,思考它们之间的对应关系。由此可知，广告对来店顾客人数的影响虽然很大，但对购买率、客单价往往不具有什么影响。另一方面，若是在详细分析这三大要素的过程中发现购买率的减少影响了销售额的增长，便可知晓在"提高销售额"的问题上不需要考虑广告效果的好坏。

2 把握现状的基本步骤

（1）基本步骤①：分解出构成要素

"分解"是我们把握现状时不可或缺的一个重要基本步骤。分解指的是，将分析对象无遗漏、不重复地分解为构成该对象的各个要素。比如，"整个公司的销售额"这一分析对象可以分解为"产品 A 的销售额""产品 B 的销售额""产品 C 的销售额"，或者是"销售单价 × 销售量"。

通过分解分析对象，我们更容易掌握各部分的状态，而不是对现状熟视无睹。同时，我们还能借此把握分析对象的构成要素。通过对分析对象现状的把握，我们可以进一步明确其对于分析目的的意义。换句话说，分解就是斟酌现状时的预先准备。

在分解分析对象时，我们需要提前掌握"MECE"与"切入口和切入方式"。下面就让我们看看相应的具体内容。

◆ MECE：无遗漏，不重复

在分解分析对象时，"MECE"将有助于我们确认分解的完成程度。"MECE"是英语"Mutually Exclusive, Collectively Exhaustive"的首字母缩写，意思是"无遗漏，不重复"。这一分析方法是麦肯锡等咨询公司深入贯彻的一大分析法。其主要目的在于：检查是否遗漏了某一要点，或者是否对相关要点进行了重复思考。在分解分析对象时，若是不存在遗漏、重复，我们便可以说"MECE"。

图表 3-2 是 MECE 的概念图、图表 3-3 是 MECE 对应的简单案例。

图表3-2　MECE的概念图

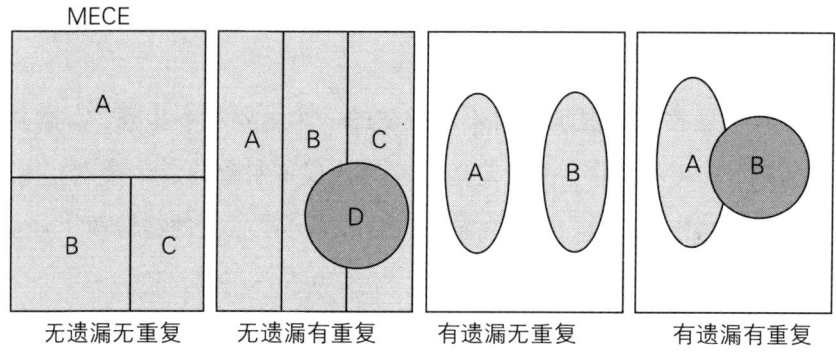

图表3-3　MECE的简单案例

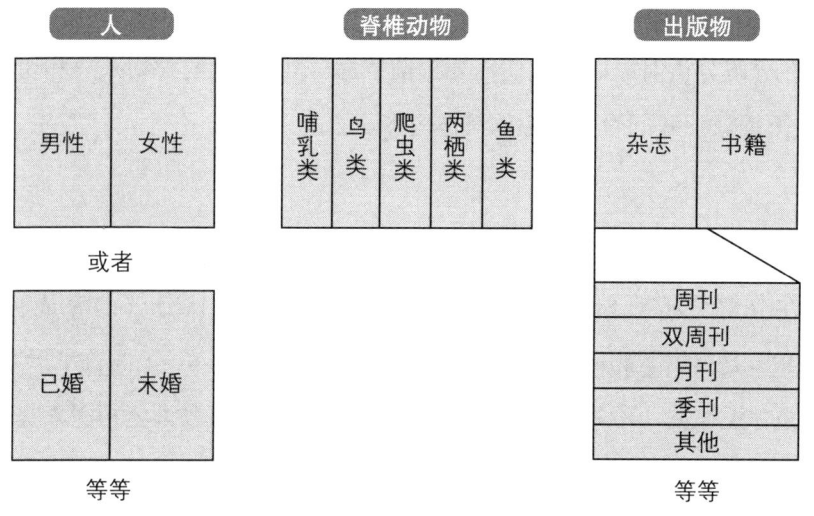

在图表 3-3 所示的内容中，一部分内容从严格意义上说来可能并不算 MECE，但大家不必过分执着。因为考虑到实践的现实性，很多情况下能有 8～9 成的精度就已经足够了（甚至会有更好的效果）。

在运用 MECE 概念的思考工具中，存在着逻辑树（图表 3-4）与矩阵（图表 3-5）两大工具。逻辑树展示的是基于 MECE 对分析对象整体进行分解的过程以及结果。对分析对象整体进行拆分，然后对各分支内容进行进一步的拆分……通过多层拆分，我们慢慢可以得到一个树状图。这便是逻辑树名称的由来。矩阵指的是，将两种 MECE 切入口进行组合、分类，各项内容得以清晰呈现，并能覆盖全部内容。这种方法可以说是经常使用。

图表3-4 逻辑树

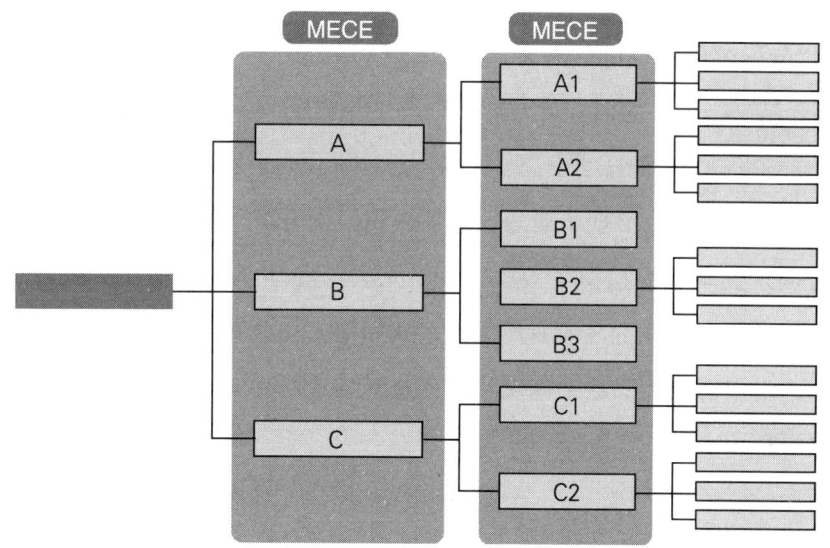

图表3-5 矩阵

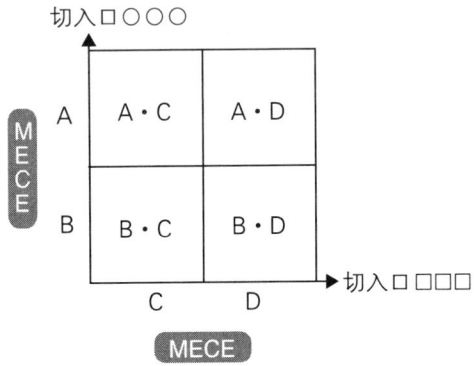

但是,在把握现状时,我们应该如何运用 MECE 呢。比如,像下面这样。

"分析对象可大致分为 A 与 B。这样一来,可知 A 占据了整体的一大部分。由此可以说明……"

"分析对象大致可分为 X、Y 与 Z。这样一来,可知 X、Y 的值虽几乎与去年持平,但 Z 的值有了大幅提升。由此可以说明……"

在这里,如果出现了遗漏、重复,我们便无法正确地把握现状。以上文为例,如果我们遗漏了要素 C,便无法正确地认识 C 的相关内容。同样,如果 Y 与 Z 间的内容有所重复,我们便无从获知 Z 实际的增幅。这样一来,我们很难正确地把握现状。在 MECE 分解时,我们首先要注意以下两点内容。

◎ 正确把握整体定义

毋庸置疑,想象"对象整体是什么"、检查该想法有无错误十分重要。

假设现在我们以顾客的性别为切入口对销售额进行分解，将其分解为"来自男性顾客的销售额与来自女性顾客的销售额"。但事实上，该店铺与企业也有交易往来。这样一来，我们便遗漏了"来自法人的销售额"。在这个例子中，我们应先以"来自个人的销售额、来自法人的销售额"这一切入口切入（男性、女性是对"来自个人的销售额"进一步分解时的内容）。为此，事先充分把握分析对象的整体十分重要。

◎ 不同的切入口要分开使用

此外，明确自己想要使用怎样的切入口也十分重要。比如，"10多岁、20多岁、30多岁……"就是以"年龄"为切入口进行的分类。"家庭主妇、公司职员、个体工商户、学生……"就是以职业进行分类。若是将两者混合使用，便会得到"10多岁、20多岁、家庭主妇、学生"等奇怪的结果。

> **专题：各式各样的切入口的思考方式**
>
> "以 MECE 思考切入口"有各种各样的方法。
>
> 加法型（典型的 MECE）
> - 以年龄层区分顾客
> - 以地域区分销售区
> - 将成本分为固定费用、变动费用或是直接费用、间接费用等
>
> 变量型
> - 将利润拆分为"销售额 – 成本"
> - 将销售总额拆分为"数量 × 单价"

- 将 ROE（净资产收益率）分为"销售额利润率 × 总资产周转率 × 财务杠杆"等

过程型
- 根据产品加工阶段，将不符合标准的劣质产品数量分为"原材料""在制品"与"成品"阶段的数量
- 将顾客做出购买行为的一系列过程分解为 AIDA（Attention：注意；Interest：兴趣、关心；Desire：渴望；Action：行动）

在商务场合的分析中，我们经常会运用这些拆分方法。为此，我们需要熟练掌握各式各样的切入口。

切入口和切入方式

切入口指的是分解分析对象时的视点。切入方式指的是，以某一视点分解分析对象时的切入方式。以分析某网站的点击量为例，若是"着眼于点击时间，将其分为'上午'与'下午'两大时间带"，此时的切入口便是"时间段"，而将其分为"上午／下午"这一打开切入口的方式便是切入方式。

同一切入口可以同时拥有多种切入方式。比如，就"时间段"这一切入口而言，除了"上午／下午"这一切入方式，还可以有"0～6时／6～12时／12～18时／18～24时"的切入方式。

切入口各有不同，这是理所当然的事情。除此之外，切入方式也是多种多样。为此，我们能从更多方面对现状进行良好的把握。

思考切入方式时的注意点

在思考如何切入时，我们需要注意以下几点。

◎ 不要在一开始就进行细分

面对尤其具体的内容，我们很难用MECE进行判断。先将整体大致分为两三个部分即可。比如，按照商品类别对某便利店的销售额进行分解时，相比一上来就将其分为"饭团／便当／茶饮料……"这种方式，先做大致的区分，然后循序渐进地进行细分更为恰当。比如，可将其先分为"可食用商品／不可食用商品"等。

◎ 注意对"整体"的把握

在第145页，我提到了切入口应当注意的要点。这里也是一样，有时候，对于运用MECE进行分解的分析对象的范围，即"整体指的是到哪里为止"，我们往往会有所疏忽。比如，以媒体对日本企业的"广告费"进行区分时，我们可将其分为大众传媒（电视、新闻、杂志等）／网络／其他（展板、DM等）。但是，带有公司名称的赠品（圆珠笔、日历等）以及活动赞助、支持等是否也包含在内？这一点就值得商榷。在进行分类时，使用"其他"等字眼的确能从字面上让人觉得MECE，但我们还是需要通过别的方式，进一步确认具体想法上是否存在遗漏。

◎ 明确表示范围的词汇的定义

关于分解后得出的每一分类项具体包含哪些内容，我们要用通俗易懂的语言对其进行明确的定义。比如，在以时间段进行分解时，我们或许会将其分为"早上／中午／晚上／深夜"。下午11点属于晚上还是深夜，答案或许因人而异。为此，我们有必要明确各分类项的定义，比如将其分为"0～6时／6～12时／12～18时／18～24时"。

◎ 在连续切分时，需要深入思考切分点的意义

深入思考在哪里切分更合适将有助于我们更好地把握现状。比如，在以时间段对便利店的销售情况进行切分时，相比"0～6时／6～12时／12～18时／18～24时"这一相隔6小时的机械切分，"7点半～9时／9～12时／12～13时……"这一与饭点相关的切分方式更为合适。再举个例子，比如在测量某服务的顾客满意程度时，虽存在"免费服务／收费服务"这一分法，我们也可以基于价格弹力的变化点为300日元这一假设，将服务分为"300日元以下的服务／300日元以上的服务"。像这样，根据切入位置的不同，我们可以从不同的角度把握对象。

（2）基本步骤②：多方面把握分析对象

从多个切入口、多种切入方式对现状进行多方面的把握是比较理想的状态。为什么这么说，如果没有经过实际调查，我们并不知道用怎样的切入口、切入方式分析，对象的特征才会显现。此外，若是限定了切入口，我们往往会因此忽视问题的本质。

比如，假设某公司最近出现了"迟到情况增多"的问题。那么，该以何种切入口对现状进行把握呢？

首先，大家或许会想到"按部门分析""按迟到时间分析"等切入口。但是，如果问题的根源其实在于乘坐公交车上班的员工的迟到情况有所增

多呢？这样一来，若是不以通勤交通工具的不同为切入口，我们或许永远都无法意识到问题的本质。所以说，为了不遗漏重要的内容，我们有必要对现状进行多方面的分析。

在对分析对象进行多方面的分析时，我们需要做到以下几点。

· 找出多个切入口

"找出多个切入口"指的是，以"加法型""变量型""过程型"为出发点，从各种角度去思考切入点。但是，即使能从多方面看待分析对象，我们也很难当场找出富有创造性的切入口。正因如此，商务人士需要从自身的知识、经验中找出各式各样的视点，将"分析的切入口、切入方式"作为自己的武器。若是能拥有众多的"切入口、切入方式"，将其作为自身的武器，找到"合适的"切入口的可能性也会因此提高。为了避免遗漏重要的内容，希望大家能够多多寻找，直至找出切入口。

· 明确切分思考模式，"一刀快切—细细思考"，掌握节奏

还有重要的一点是，相比将切入口限定在特定的几种，慢慢地分析现状，我们需要更有紧迫感地同时从多个切入口把握现状。此时，自身的思考模式是"一刀快切似的把握现状"还是"细细地把握现状"，都需要我们自身对此有明确的意识。有时候，即使我们想要对事物进行多方面的分析，可当我们以某一切入口分析了现状、获取了相应的信息之后，总是会不经意地开始更为详细的分析。比如开始思考"为什么会发生这样的情况"等。

但是，在一开始毫不犹豫地去尝试各种各样的切入口还是很重要的（当然，正如我会在后边的专题中提到的内容一样，我们有必要基于一定程度的假设排列出优先顺序）。虽说细致地分析某一个切入口的内容十分重要，但我们还是要从各个角度聚焦，快速地对现状进行多方面的把握。即使"没有发现显著的特征"也无妨，只需不断地积累，不断地去发现自己

知道什么、不知道什么。

总之，希望大家能够意识到，深度分析固然重要，但多方面的分析同样不可或缺。

> **专题：准确合适的切入口与切入方式**
>
> 在分解分析对象时，"MECE"（无遗漏、不重复）确实很重要，但更重要的在于该切入口、切入方式是否符合我们的分析目的。商务领域的分析目的指的是，"对我们把握现状（把握现状有助于我们做出经营决策）有多大帮助"。若是基于"为了做出更好的经营决策而把握现状"这一目的，对分析对象进行分解，那理想的结果便是得到分解的结果——能帮助我们做出有效决策的相关启示。为什么这么说，因为这些信息与下一阶段的分析工作、决策讨论有关。反过来说，不管分解得多么细致、多么天衣无缝，若是不能与下一阶段的分析工作、决策产生关联，从目的看来它都是无用的。
>
> 比如，某汽车零部件厂日前出现了这样一种情况——产品中出现了众多质量不合格的次品。假设我们的目的是找出质量不合格现象的原因，那我们首先就要把握某一时间段内生产的产品的状况。当我们按照厂区对其进行分解，发现三个厂区A、B、C均出现了相同程度的产品不合格。于是，我们的一大成果就是了解了"不合格产品的比例并没有因为厂区的不同而不同"。但是，为了得出具体的解决策略，我们需要进一步获得相关启发。
>
> 当我们以原材料供应商为切入口进行区分，会发现不合格产品主要集中在使用B供应商提供的原材料的产品中。知道了这个，我们就可以将目标锁定在原材料供应商B上，从中寻找原因。只有这种有助于我们深入分析、思考对策的切入口，才是对"我们把握现状（把握现状有助于我们做出经营决策）"有帮助的切入口，才是准确合适的切入口。

再举一个切入方式的例子。某生产少女服饰的厂家一直以来都将产品线分为"小学低年级学生／小学高年级学生／初中生"。但是有一次，该厂家以更为细致的年龄刻度为切入方式对顾客嗜好进行了调查。调查发现，"11～13岁"这一年龄区间的顾客与10岁以下、14岁以上的年龄段的顾客有很大不同。知道了这一点，在接下来的市场营销组合设计中，该厂家就会按照新的切入方式做出相应修改。

综上所述，切入口、切入方式为"MECE"（无遗漏、不重复）固然重要，但比它更重要的是，选择准确、合适的切入口与切入方式。

补充一句，分解的切入口一定会带有某一相应的假说——"原因或许在于××"。比如当我们想要按厂区进行区分时，自然会认为"问题或许出在工厂的制造过程中"，而当我们按门店进行区分时，自然又会想"问题是不是出在门店的保管过程中"。切入方式也是一样，当我们以1岁为刻度进行年龄的区分时，一定是基于这样一种假说，即"虽然将小学高年级学生归为一类，但4年级学生与6年级学生的喜好或许存在差异"。如果只是想实现"MECE"（无遗漏、不重复），我们可以想到无数种切入口、切入方式。但是，毫无计划、规律的尝试是十分低效的。而如果基于"这样切入的话，或许能够明白这个"这样一种假说去寻找切入口、切入方式，将能大大提高我们的效率。

开头提到的泽村的案例也是一样，虽进行了总体的分析，但并未得出任何显著的特征，这样便无法进行下一步的分析。为此，他必须要找出别的切入口，这也是为什么牧田让泽村去各门店看一看。

如果必须分析复杂的现实情况，就得想出更具创造性的解决方案，仅从偶然想到的一两个假说进行切入，很难帮助我们找到合适的切入口、切入方式。在大多数情况下，我们都需要经历多次、多方面的切入尝试。若是能事先把握住"如果以这一切入口、切入方式进行分析，一定可以发现……"的大方向（确立假说），我们便能顺利地解释分析结果。

（3）为把握整体及其构成要素各自特征、倾向的视点

那么，接下来的问题是，我们应该着眼于分析对象的什么内容？怎样看待该内容？在这里，我们需要拥有以下四大视点。

视点①：把握分析对象的整体构成与构成要素的分散程度

视点②：思考影响力的大小

视点③：进行比较，明确差分（绝对值或者比例的差距）

视点④：明确规律以及特殊点、拐折点的位置

◆─ 视点①：把握分析对象的整体构成及其构成要素的分散程度

第一大视点，把握构成整体的要素的分散程度，即各要素是倾向于集中在某一特定部分还是分散在整体之中。

比如，某居酒屋连锁店在郊外拥有 5 家门店。当我们想以"门店区别"来分析销售额时，就需要把握，是某几家店铺的销售额特别突出（各要素倾向于集中在某一特定部分），还是 5 家店铺的销售额基本持平（各要素分散在整体之中）（图表 3-6）。

换句话说，我们要把握住，是某几个特定的突出要素赋予了整体某一特征；还是大多数要素基本呈现出同等特征，因此赋予了整体某一特征。

为什么把握分散程度十分重要？这是因为，通过找出"共通项"（显现出相似特征的构成要素群所共通的特征），进而从中找出新的切入口与切入方式，我们能够更及时地把握现状。

比如，就刚才居酒屋连锁店的例子而言，假设我们通过实际调查发现，1 号店、2 号店的销售额特别高，而 3 号店～5 号店的销售额都很低。在此基础上，当我们思考拥有相似特征的"1 号店、2 号店""3 号店～5 号店"

图表3-6 帮助我们理解分散程度的图表

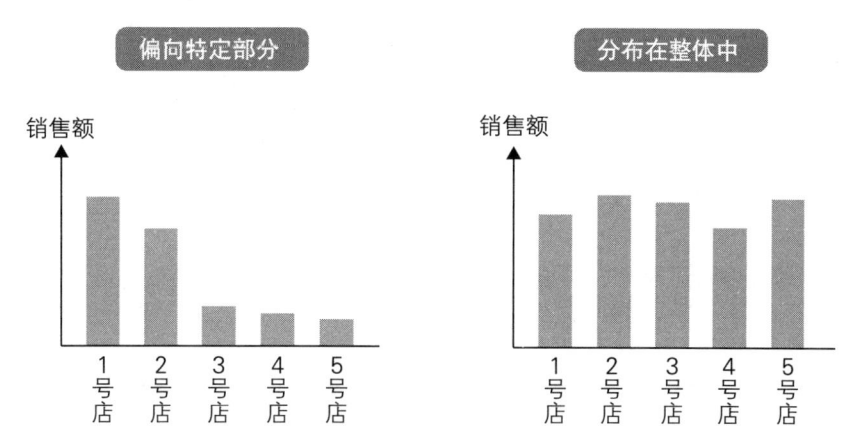

各自拥有怎样的共通项时会发现,"1号店、2号店"均有很大的停车场,"3号店～5号店"只有面积狭小的停车场。而当我们进一步通过"是否拥有大规模的停车场"来分析销售额时会发现,即使从单位面积来看,拥有大规模停车场的店铺也比没有大规模停车场的店铺的销售额要高。通过这样一步一步分析,我们便能从一个全新的角度理解现状。比如,可能会因此发现"是否拥有大规模停车场会影响店铺的销售额"等"规律性"的内容(图表 3-7)。假设这一规律是正确的,当居酒屋要开设 6 号店时,经营者便会知道"在店铺选址上要保障广大的停车用地"。

当然,上述案例只是我强行简化的一个例子。在实际的商务世界中,我们很少能如此顺利地找出某一规律。大多数情况下,规律性的内容都要经过各种各样的试错才能找到。但我希望大家能理解的是,把握构成要素的分散程度能够让我们从一个全新的角度来把握现状。这便是把握构成要素的分散程度的意义所在。

图表3-7　思考共通项，找出规律

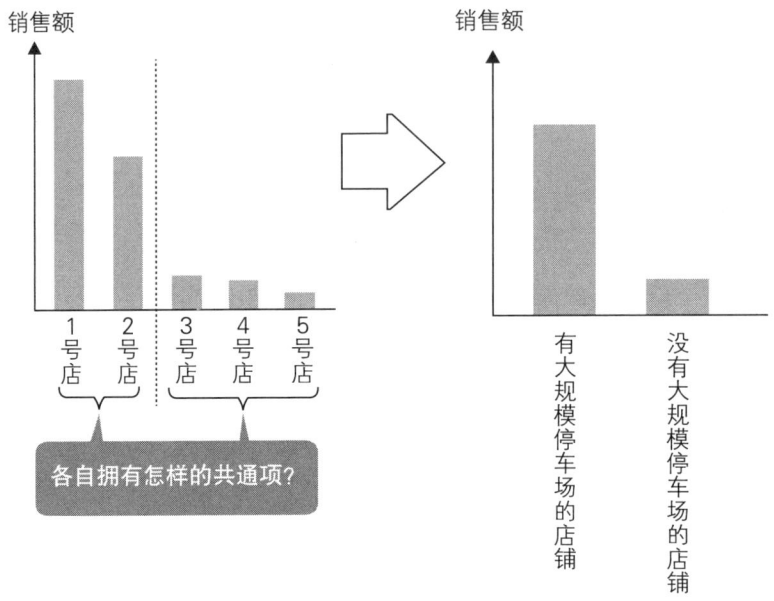

　　接下来，我将介绍一下前面专题中提到的"准确、合适的切入口与切入方式"。在居酒屋连锁店的案例中，"是否拥有大规模停车场"就是一个好的切入口。以"是否拥有大规模停车场"来对销售额进行分析，我们可以准确地把握住现状，并借此获得相应启示，以做出有效的店铺选址决策。像这样，获得有利于下一步决策的相关启示，可以说是我们找到好的切入口、切入方式的作用所在。（作为进一步的补充说明，严格来说，"是否拥有大规模停车场"并非"切入口"，而是"切入方式"。通过"门店区别"这一切入口来对连锁店整体的销售额进行区分之后，再用"是否拥有大规模停车场"这一切入方式来分解。）

下面评论中的分析、解释存在什么问题？

某公司以 2012 年度拟录用的 50 名新员工为对象进行了素质测试，满分 100 分，平均分为 80.2 分。2011 年有 45 名拟录用的新员工参加了测试，平均分为 79.1 分。2010 年有 40 名参与了测试，平均分为 78.0 分。由于试题不存在泄漏问题，所以该公司每年都采用同样的题目。

招聘负责人表示，"从平均分的情况来看，拟录用员工的水平逐年上升。虽然只是素质测试的分数，但这也可以说明我公司逐渐能够招聘到'优秀的员工'了"。

解析

基于平均分逐年上升的事实判断出拟录用员工的素质也正逐年上升，这看起来合理，实际上却十分草率。我们不仅应该看到平均分，还应确认每年分数的分布情况。如果总体是 40～50 分数量级的差异，那我们就无法忽视偏离平均分的人所带来的影响。比如，假设到 2011 年为止，一直都会有 2～3 位无法在素质测试中得到好的分数（50 分左右）的人员混在其中，可到了 2012 年，公司便开始不录用这些分数低的人。而若是除去这 2～3 人的分数，这三年的分数分布可能就基本没有差异了。如果是这样，我们虽然不能说排除分数极差的拟录用员工算是"员工素质变高了"，但要说"拟录用员工的水平逐年上升"还是过于牵强。

像这样，平均值虽然是判断总体特征的一项简单易懂的指标，但我们无法仅通过平均值来判断数据的分布情况。为此，在把握现状时，我们还需要综合考虑构成要素的分散程度。

◐━ 视点②：思考影响力的大小

第二大视点为影响力的大小。也就是说，我们要考虑"分析对象对最终结果的影响力的大小"。这里所说的最终结果指的是，应该解决的问题以及落实解决方案时获得的实际效果。

比如，现在有一家销售额在 1000 亿日元规模的医疗器具生产商正在讨论是否应该进军发展迅猛的手术器具市场。思考影响力的大小指的就是，手术器具的市场规模是 10 亿日元、100 亿日元还是 1000 亿日元的"大小"。的确，由于该市场正处于迅猛成长的过程中，从发展速度来看，确实拥有很大的吸引力。但是，假设该市场在顺利发展的情况下也只能发展到 10 亿日元的规模，那"是否应该进军该市场"这一讨论本身就没有价值。为什么这么说？因为如果市场规模最大只能达到 10 亿元，那从该市场中获取的利润几乎可以说是有限的。即使确要进军该市场，进入 10 亿日元规模的市场与进入 1000 亿日元规模的市场也有很大的不同。因为销售额的目标值、进入的方法、速度都会发生改变。为此，在分析时，把握分析对象的"大小"也是极其重要的内容。

此外，我们不应只关注分析对象"整体"的影响力的大小，还应关注到整体中的一部分（也就是构成要素）的影响力的大小。以上段提到的是否应进入手术器具市场的讨论为例，把握构成要素影响力的大小指的就是，要把握市场中意图占据的部分的规模，以此来判断是否应该加入。比如手术器具市场整体规模是 1000 亿日元。当我们对该市场进行分解时发现，高性能手术器具部分的规模为 100 亿日元，而通用手术器具部分的规模为 900 亿日元。假设在这两部分中能够占据的市场份额是一样的，显然进军通用手术器具市场将带来更大的利润。像这样，着眼于分解后的构成要素，把握构成要素在整体中的地位与意义也十分重要。

那么，为什么把握影响力的大小在商务领域中十分重要？这是因为经营资源与时间都是有限的。为了高效充分地利用有限的资源与时间，我们必须避免大面积、无计划的资源投入。换句话说，我们需要将资源集中投入那些对最终结果影响最大的地方。

但是，我们总是会倾向于重视眼前的机会与问题，不知不觉便思考起相应的下一步行动。然而，眼前的机会与问题未必能对最终结果造成多大的影响。因此，在商务领域，我们更需要认真思考"这个机会是多大的机会""将要解决的问题会带来多大的影响"，并根据影响力的大小排列优先顺序。

影响力的大小尽量用数字来表示。比如绝对值的大小、占整体比例的大小、在某一时间段内的变化率等。通过这种定量的方式，分析对象"整体"及其"构成要素"拥有多大的影响力就会变得一目了然。

针对以下事实，我们怎样分析才能准确地把握情况？（数据均为虚构）

日前，手机领域的3家巨头公司分别公布了20××年×月的新增用户合约数量。位居首位的是A公司，新增合约25.3万件，连续20个月位居榜首。纯增幅虽处于平稳状态，但仍然守住了第一位的宝座。第二位是B公司，新增17.5万件。第三位是C公司，新增12.6万件。

解析

净增的绝对值、业内的排名以及历年的发展都属于能给人带来极大启发的信息，但也都只是分析结果中的"构成要素"（或是构成要素的比较）。

为了把握业界整体情况，我们还需把握"整体"的大小，将"构成要素"与"整体"进行比较。比如，手机签约的总用户数。补充一点，2012 年 3 月末，手机签约的累积总数为 124187600 件（数据来自日本电气通信事业者协会）。

视点③：进行比较，明确差分（绝对值或者比例的差距）

指的是，通过将分析对象"与某一其他对象进行对比"，来认识分析对象与比较对象"什么地方是相同的""存在着怎样的不同"，在此基础上理解分析对象的固有特征。具体可分为以下两部分内容：

· 与目标值及标准值进行比较，理解差分（绝对值或者比例）
· 按时间序列进行比较，理解差分（绝对值的差或者增长率）

下面就让我们看一看具体内容。

· 与目标值及标准值进行比较，理解差分（绝对值或者比例）

在商业中，很多情况下都已经设定好某种形式的目标与标准。中期经营计划中的目标销售额、利润以及竞品的价格与性能都是典型的例子。

理解与目标值及标准值的差分指的是，与目标、标准进行比较，通过认识现状与目标、标准之间的差距来把握现状。

以客服中心为例。客服中心通常会将接线员没有及时接通的电话的次数、比例（后者被称为"呼损率"）以及平均每次的通话时长设为目标值。这样一来，通过将实际的呼损率、平均通话时长与目标值进行比较便可把握现状。如果我们只掌握了"实际的呼损率是××%"，便无法判断好坏。

但如果我们知道"实际的呼损率是××%，比目标值高××%"，便能够意识到"这或许是我们应该改善的问题"。像这样，通过将现状与目标值、标准值进行比较，我们便能理解、把握现状。

·按时间序列进行比较，理解差分（绝对值的差或者增长率）

考虑到时间轴、将现状与过去、未来进行比较也是一大基本视点。还是以客服中心为例，理解时间序列上的差分指的就是，了解今年的呼损率及接线员的离职率与去年相比是增是减、增幅减幅有多大。进一步还包括长期继续观察，了解相关数值是持续增长还是保持稳定，以及差分的绝对值和增长率呈现出怎样的倾向（趋势）。

练习

为了分析以下内容，我们应将其与怎样的比较对象进行比对？请将想到的内容列举出来。

某电视台编辑人员的发言：

"我们台连播的黄金档电视剧最近放完了，平均收视率是 17.5%。当初以为，由当红女星出演、畅销推理小说改编的剧，收视率自然会很高，因此抱有很大的期待。但从这结果看来，算不上成功也谈不上失败，算是十分微妙啊。"

解析

正确答案不一定只有一个，我们或许可以列举出以下比较对象。

·同一时段内其他电视台的节目的收视率（即"竞争节目"）

- 本台过去同一时段播出的节目的收视率
- 同一时段全部收视率中本台节目所占的收视率
- 主演女星过去出演的电视剧的收视率
- 原作小说家过去被翻拍的作品的收视率
- 电视台的预测收视率（广告销售方面）
- 节目制作方的主观预测

作为分解的切入口，我们可以按照"每分钟的收视率（按时间顺序切分）"与观众的年龄、性别进行切分。此外，上述评论只出现了整部电视剧（从第一集到最后一集）的平均收视率，我们还可以关注每一集的收视率变化。

视点④：明确规律以及特殊点、拐折点的位置

第四大视点指的是，要找出隐藏在分析对象中的"规律"与偏离规律的"特殊点"、倾向发生了巨大改变的"拐折点"。下面我们来看一看具体的要点。

·寻找规律

寻找规律指的是，找到类似于"若是带有 A 属性，便是××。若是带有 B 属性，便是××"的规则，或是摸索出在一定时段内反复出现的某种模式（倾向、循环）。

比如，在一些零售店的管理中，店主经常会摸索出这样一些规律。比如跟气象条件有关的规律：天气晴朗的时候，某商品会大卖；气温超过多少度的时候，另一商品会大卖。还有，上了某电视节目的食材会大卖、某

位模特穿的衣服会大卖等。店主总是会积极地摸索这样的规律。至于摸索什么，要摸索在一定时段内反复出现的某种模式（倾向、循环），比如在音像、光碟店以及书店中，店主总是会调查新出的 DVD、新出版的书能保持多长时间的热销状态、过了什么时候热度会下降等。

这种对规则、模式的探寻便是我们所说的寻找规律。

那么，在商业领域，找到规律会为我们带来什么样的好处？首先，通过发现相关规律，我们可以提高预测的精准度以及解决方案的再现性。以刚才提到的零售业为例，我们若是能基于所发现的规律进货时多进销量好的货物、陈列时也多花些心思，便能进一步提高商品的销量。DVD 连锁店也是一样。通过摸索出的规律，我们可以在光碟新发售的 x 周内将新光碟放在店铺的显眼位置，而在第（$x+1$）周时更换上新的光碟，由此便能促进所有连锁店销售额的提升。若是能先于竞争对手找到相关规律并及时采取相应对策，由此形成良性循环，便能形成不易被他人模仿的优势。

此外，找到相关规律还能为我们寻找特殊点、拐折点打下基础。究其原因，特殊点指的是具有不同于一般的特征的内容，而拐折点指的是趋势开始发生改变的点，两者都是基于"一般来说是这个样子"的规律。考虑到要找出特殊点、拐折点，希望大家能积极挑战，找出相应的规律。

· 寻找特殊点

寻找特殊点指的是，"找到那些与规则及模式显现出不同特征的要素"。比如在前面提到的 DVD 连锁店的例子中，一般来说，新发行光碟的销售额通常会在第四周开始下降，但现在有一家店的销售趋势与此不同——销售额到了第五周仍然没有下降的趋势，到了第八周才开始有所下降。像这样，某店铺若是呈现出与规则、模式不同的特征，便可以称其为"特殊点"。

着眼于特殊点有两大好处。其一，特殊点本身蕴藏着巨大的商机。这是因为，通过摸索特殊点的诞生机制，我们可以获得商业的启示、创意。比如在刚才DVD连锁店的例子中，如果某店铺中的某员工通过播放POP音乐、改善陈列方式延长了新发行DVD的热销时间，以此作为特殊点便有可能促进其他店铺的学习、模仿，其他店铺由此也能提升自身的销售额。像这样，特殊点或许能够帮助我们找到新的商机。

另一好处在于，以特殊点为契机，我们能够从一个全新的角度看待分析对象。在某一切入口下，它可能只是一个特殊点，但若能通过另一种包含了这一特殊点的切入口切入分析对象，我们便更能把握现状。比如在前面的例子中，我们提到某店铺通过播放POP音乐、改善陈列方式延长了新发行DVD的热销时间。当我们将这一店铺与其他没有采取这样的方式的店铺进行比较，便能发现前者的销售业绩更好。我们若能在此基础上研究该店铺店员的运营方式，将其反映到总公司，或许就能因此提高所有连锁店的销售额。

· 寻找拐折点

寻找拐折点指的是，"当某一全新的规律出现时，找到急剧变化的转折点"。

比如现在有一款防暑用的口服液，当气温在30度以下时，它的销售额并没有特别大的变化，可是当气温超过30度，它的销售额便会激增。此时，30度便是一个拐折点。由此，如果在气温超过30度的日子里还是保持一如既往的进货量，便会出现售罄的情况。相反，如果认为天热了口服液的销售量就会上升，并因此在气温虽有上升却未满30度的日子里大量进货，便会引起滞销。所以说，如果能够事先把握拐折点，我们便能保证适量的进货。这也正是寻找拐折点的意义所在。

请大家一定积极挑战，找到这一规律变化的关键点。

下面的评论存在怎样的问题？

某高级家具店的企划负责人：

"自2002年开店以来，客单价可谓一路走高。可是从2008年开始，客单价似乎就不再增长了。不过这也是因为受到金融危机的影响，是没有办法的事。"

解析

的确，2008年发生了全球性的金融危机，也确实能成为消费萎靡的一大原因。但从市场商品寿命来看，"达到了饱和期"以及该家具店的经营策略不符合消费需求的可能性也是存在的。可以在参考同时期其他奢侈品的消费情况、同时期竞争对手的发展情况后再来判断。

当我们发现规律、特殊点、拐折点之后，此时，若是存在某种显而易见且能迎合数据显现的某种明显倾向的故事线（本练习中即为"因为发生了金融危机，所以消费萎靡"），我们常常会由此产生错觉，认为所有事情都可以用这一故事线来解释。但是，某一输出总是源于错综复杂的输入。正如我在基本步骤②中提到的，我们需要多方面的把握现状，确认是否还存在其他发挥了作用的要素。

> **专题：分析思考与统合思考**
>
> 我在第 2 部分中介绍的分析方法、视点主要是基于"分解与理解"这一要素还原的思想。基于这一思想的思考方式被称为分析思考。在社会结构长期稳定的情况下，分析思考能够发挥更大的效用。为什么这么说，因为在社会结构稳定的情况下，进行细致分析所需的时间能够得到保障，分析的精准度也能有效提高，而精准度越高，相应解决手段的成功概率也就越大。
>
> 与此相对，统合思考指的是不分开各要素，而是将对象作为一个整体来理解、把握。与高度追求"MECE"（无遗漏，不重复）和追求严密性的分析思考相反，统合思考允许内容的暧昧、模糊，具有一定的包容性。在社会结构发生令人眼花缭乱的变化时，统合思考能够帮助我们采取迅速、连续的行动。究其原因，当我们将分析结果落实到行动上时，外部环境可能已经发生了变化，相应的行动也不再奏效。此时，即使还有部分内容仍处于暧昧状态，但采取实际行动、从行动结果出发解开因果关系才是重点。
>
> 分析思考与统合思考，两者都不是万能钥匙。希望大家能根据自身所面临的商务环境、需要采取行动的速度进行判断，综合利用两种模式。

> **3　练习问题**

【问题】

接下来,让我们基于所学内容进行"把握现状的切入口、切入方式"的相关练习。请分别就案例1、案例2谈一谈你的想法。

【案例1】英语培训机构A公司①

A公司是利用在线教育的英语培训机构,目前正在成长。成立不过几年时间,如今的会员人数已经达到了几千人的规模。

该公司会员人数的增长可谓一帆风顺,但问题在于,退出率也很高。比如不久前的季度分析就显示,新加入的会员虽有500人,但从整个公司来看,退出人数就高达300人。甚至有会员入会没几天就退出了。虽说不同的公司因为服务内容、成长阶段的不同,相关入会、退出数据会有所不同,无法一概而论。但根据该公司通过关系获取的数据显示,相比其他采取相同商业模式的公司,A公司的退出人数明显偏高,且会员人数的净增也低于另外两家公司。就与A公司规模大致相同的B公司而言,该季度新入会员与退出人数分别为400人与120人,另一公司C则为300人与75人。

为此,销售部长细田聪子拜托销售部经理太田哲志提出相应的解决方案。

　　细田这样说道："会员退出有各种各样的原因，但费用应该不是首要原因。事实上，我们公司的价格在业内算是便宜的。之前询问过一些退出学员他们退出的原因，几乎没有人提到费用方面的事情。从讲师的水平来看，我们也一定不会输给其他公司。经常听到的答案都是'还有其他想做的事情'……"

　　太田回答道："'还有其他想做的事情'这个理由用起来太方便了。他们一定还有其他的不满。讲师的水平方面确实也没有问题。不过，我感觉换课不太方便这些地方还是有问题吧。"

　　"是的，他们一定是对某些地方抱有不满。不过，如果要采取具体行动的话，还是要通过高层会议啊。所以光凭感觉可不行，我们需要一定程度的证据来支撑。太田你能帮我收集一下相关的事实、信息吗？"

　　"明白了。那我去选十几位最近一两年退出的学员，问一问他们为什么退出。有些学员跟我私下的交情很深，应该会跟我说真话。"

　　听了太田的这一回答，细田说道："在那之前，你能先做一个简单的分析吗？我觉得简单分析之后再去问他们原因比较好。因为突然去问他们未必能得到我们想要的信息。"

　　"也就是说？"

　　太田并不知道细田所说的"简单的分析"究竟指的是什么。

【解析】

　　由上述内容可见，太田想要通过实际询问学员退出的原因来佐证自己的假设。能将想到的内容迅速落实，这一点值得称赞，且方法本身也看似没有大问题。但事实上，"向容易开口的退出学员询问原因"这一方式本身会导致样本缺乏客观性。换句话说，这种方式会使太田对整体的把握出现偏差，因为他很有可能会因此无法把握住那些应该事先把握的问题。比如，"哪一类会员退出得比较多""在哪一个环节采取行动比较有效"等。

假设通过调查哪一类学员退出情况较多时发现，退出者主要集中在托业分数为850～900分的学员，即相对来说属于高水平的学员，那在公司上下采取统一措施之前，找出高水平学员的退出理由并在此基础上采取相应行动，将更能"以低成本实现高效益"。而若是不经调查直接询问退出学员，碰巧被询问到的学员的托业分数集中在500～600分，即初学者水平，便有可能使公司采取的解决方案完全偏离目标。

在这一案例中，我们首先要调查出哪一部分的退出学员较多，或者说，退出学员呈现出怎样的特征、属性。

【案例2】英语培训机构A公司②

在细野的指导下，太田决定首先调查一下退出学员主要集中在哪里、带有哪类特征的学员容易退出。幸运的是，这几年的会员数据保存得很好，这也使相关调查变得十分顺利。

"但是吧，没想到对会员分类还是很难的。首先需要按常规思想对其进行分类，比如要从性别、职业、地域等视点切入。还有年龄、学历等。除此之外，当下的英语水平、成为会员多少年也需要看一看。还有是否是第一次报名培训机构……先从这些点入手吧，应该能看出某种倾向。"

一开始，太田对这一调查表现得十分乐观。但随着分析的推进，他逐渐焦虑了起来。"不管从哪个切入点来看，几乎都没有什么差别。性别、职业、地域方面没有区别，年龄方面也没有。学历也是一样，研究生毕业、本科生毕业、专科学校毕业、高中毕业都没有什么差距，当下的英语水平也都差不多。还有过去有没有上过别的培训机构的课程这一点，大家也都没有什么差别。如果一定要说的话，那就是4年以上的会员退出得比较多。不过某种程度来说这也是理所当然的事情。而且从整个公司来看，这部分人数还算少，所以也不算什么重大发现。从这么多的切入口切入都没发现什么大差异，这样说来，学员退出现象应该还是整个公司出现的普遍问题啊。"

【解析】

太田此次主要是从以下切入口对对象进行了分解。

①性别；②职业；③地域；④年龄；⑤学历；⑥英语水平；⑦成为会员多少年；⑧是否第一次参加英语培训机构的课程。

基于以上切入口进行了分析之后，太田得出结论，"因为没有什么大的不同，所以学员退出是整个公司的普遍现象"。这一结论是否合适呢？

从结论的完成度来看，分析仍显不足。因为还存在很多其他的切入口。并且，即使只有上面这些切入口，也还会有很多其他的切入方式。当然，不基于任何假设而盲目地增加切入口、切入方式也是不可取的。我们应该基于某种假设，在不断摸索的过程中尝试新的切入口、切入方式。

比如，就"切入口"而言，除了上述8种切入口，我们还可以想到以下这些切入口。

· 职业种类（销售、开发、经理等）

· 所属公司是否为外资企业

· 收入

·是否自费学习

·课程利用频率

·主要利用时间

·英语能力的"提升"

·通过何种途径成为会员

·英语培训机构以外的学习机会

假设我们通过这些新切入口切入之后发现，与通过熟人推荐了解 A 公司的学员相比，通过网络广告得知 A 公司的学员的退出人数为压倒性的多数，那么，我们就有必要修改广告的内容与搭载媒介，或是在最初的说明中就详细地介绍服务内容。

再比如，如果我们发现上晚课的学员退出较多，那就要扩充晚间的课程服务。如果利用频率低的学员退出较多，我们就要采取相关措施来提高学员的利用频率。

至于"切入方式"，即使是针对刚才提及的 8 种切入口，我们也可以有多种多样的切入方式。

比如，就"是否第一次参加英语培训机构的课程"而言，我们不仅可以将其简单地分为两部分，即"第一次参加英语培训机构的课程／参加过别的培训机构的课程"，还可以将其分为"参加过 3 家以上的培训机构的课程／参加过 2 家以上的培训机构的课程／参加过 1 家以上的培训机构的课程／第一次参加英语培训机构的课程"。其中，关于"参加过别的培训机构的课程"，我们还可以从"从哪家培训机构转过来的""在之前的培训机构学习了多长时间"等切入方式切入。

如果结果显示，参加过 2 家以上的培训机构的课程的学员入会人数多、退出率也高，便可以得出这样一些假说，即"参加过多家培训机构学习的会员对更换培训机构几乎没有抵触情绪。结果导致他们对培训机构稍有不满就会立即退出"，或是"如果有更好的选择，很多学员都会贪心地选择另一机会"。

如果以上假设在对学员的询问结果中可以得到确认，我们或许就可以基于此采取相关行动，比如针对这些学员，在"入口"处就对他们进行详细的服务说明，让他们能够慎重地思考相关学习课程是否符合自身需求。

"学历"的切入方式也是一样，相比简单地将其分为"研究生毕业、本科生毕业……"我们若是能基于学生时代的专业、入学的难度等进行分析，或许还能有别的发现。

商业是与有限的时间、经营资源的斗争。正如我在前面提到的，盲目地进行切分并非理想的方式。只有基于相关假设，通过各种各样的切入口、切入方式来寻找问题的根源，进而把握分析对象的整体情况，我们才能进一步采取有效的行动。

第3章总结

- 为了深入理解分析对象的结构、做出有效的决策，正确地把握现状十分重要。
- 把握现状时的基本步骤可分为：①分解出构成要素；②多方面把握分析对象。此时，基于"MECE"（无遗漏，不重复）的原则，尝试各式各样的切入口、切入方式至关重要。
- 在思考各式各样的切入口、切入方式时，要事先掌握加法型、变量型、过程型等模式。对"细致把握"与"粗略把握"区分使用。
- 把握整体与构成要素、各构成要素的特征、倾向时，存在以下四大视点：

  视点①：把握分析对象的整体构成与其构成要素的分散程度

  视点②：思考影响力的大小

  视点③：进行比较，明确差分（绝对值或者比例的差距）

  视点④：明确规律以及特殊点、拐折点的位置

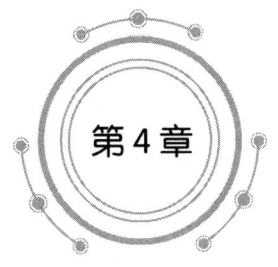

第4章

因果关系

案 例

在上文中,我们提到了泽村的案例。泽村在分析后发现,当店铺拥挤到一定程度时,"从顾客就座到店员前来帮忙点餐"这个过程会让顾客等待很久。

泽村前往门店现场观察了店铺的运营情况。在此过程中,他以顾客就餐流程为切入口对现场情况进行了分解,将其分为"顾客来店到就座""顾客就座到店员前来帮忙点餐""点餐到用餐完毕""用餐完毕到结账"四个环节。分析结果显示,顾客的不满主要集中在"顾客就座到店员前来帮忙点餐"这一环节。通过对接到投诉的店员进行采访,这一结果也得到了印证。

泽村将这一内容进行了总结、制作了总结报告,再次向牧田汇报。

"原来如此。这个发现真的很重要。不过,为什么这一环节会发生延迟呢?你有发现什么吗?"

"我注意到,前厅店员常常会和一些老顾客聊天、谈笑。这样一来,别的顾客举手示意点餐时,他们有时便无法及时注意到。"

"原来是这样,这可不行。那关于这种情况,店长怎么说的?"

"嗯,店长虽然意识到'这种行为不太好',但也认为和客人谈笑这一行为值得鼓励。考虑到营造温馨、亲切的店铺氛围,店长们的想法也有道理。这就有点难办了,因为店长们自己有时候也会因为跟老顾客聊天而忽略了其他举手示意点餐的顾客。"

"也就是说,这事跟店长们的店铺运营方针也有关。好的,那就先把这部分内容报告给社长吧。"

泽村和牧田来到了社长办公室,将目前所有的分析结果和刚才俩人讨论的经过都向社长做了汇报。最后,牧田补充道:

"如果是基于这一分析结果,对于店员和顾客聊天、谈笑的事情,我们还是要采取一定的措施予以改善比较好……"

泽村心里也对此表示赞同。但社长菅野的反应出乎两人的意料。

"不,对于店员现在的这种行为方式,我觉得没有改正的必要。营造出一种能让来店顾客自由地谈笑风生的氛围,这也是我们咖啡厅的初心……因为我们不想让咖啡厅变成只注重服务效率的功能性咖啡厅。"

菅野的语气很坚定,但牧田也毫不示弱。

"恕我说句不中听的话……那您对那些因为等待时间长而不满的顾客是怎么考虑的?"

显然,菅野不知该如何作答。此时,泽村似乎想到了些什么。

"等一下,话说以前并没有发生过这样的投诉对吧。到店人数增加、店铺拥挤之后才有顾客产生了不满。"

"是这样的。"

"但是,顾客的不满主要集中在'从就座到店员前来帮忙点餐'这个环节。"

"这怎么了?"

"也就是说,从顾客已经就座这点来看,这和来店顾客人数增加前相比应该没有变化。然后因为店员和一些顾客谈笑也是一直以来的习惯,所以我们应该思考'既然店员和顾客谈笑是一直以来都有的事,为什么最近顾客会开始投诉店员不来帮忙点餐呢?'"

"这么一说,的确如此。"

"原来如此。所以是因为店内拥挤,店员很难看到哪些客人举手示意点餐？不，这不太可能吧。"

"因为'生客'增加了，这个是有可能的吧？虽然店员前来帮忙点餐的时间与之前没有什么区别，但因为之前的那些老顾客与店员关系融洽、不分彼此，所以稍微等一会儿也没有关系。但对于那些不习惯店铺氛围的顾客来说，他们会因此产生不满。"

"不，以前也会有'生客'来光顾。当然，现在肯定更多。不过，如果这一假设是正确的，以前也应该会有投诉意见才对。"

"那会不会是这样？虽然现在我们看到的现象是前厅的店员与客人谈笑耽误了其他客人的点餐，但相比这个原因，还有可能是因为有别的要事占据了店员更多的时间，导致他们顾不过来了。不过，不管是哪一种情况，都还需要继续进行现场观察，多找到一些论据。多亏了泽村你啊，这次的讨论可以说有了很大的进展。辛苦了！"

之后，泽村对自己进行了反省，反省自己不应该轻率地将一眼看到的事情当作根本原因。他开始意识到，任何事物的发生，其背后都会有错综复杂的原因。但在与繁杂问题艰苦奋战的同时，我们的挑战精神也将不断涌现。

1 因果关系的把握

（1）把握因果关系

在第4章中，我将对"因果关系"进行解说。"把握因果关系"是我们解决问题时重要的思考技术。我在第3章中提到，为了分析现状，我们需要正确地、十分细致地把握分析对象。接下来，我们探讨一下应该如何分解、认识具有影响力的要素，以此找到分析对象呈现出当前状态的原因。

对于以"结果"这一状态呈现出的"输出"，我们有必要把握其整体构造，即其是由何种要素、受到了何种影响所形成的。

比如，某家食品生产商生产的某种巧克力完全卖不出去。这一失败背后必然存在某种原因，或许是口感不佳，或许是价格过高，抑或许是该巧克力的电视广告过于平庸。而这一巧克力的销售失败又会带来新的结果，即该生厂商的公司业绩、股价或许会因此下跌，该款巧克力的开发负责人也有可能会因此错失晋升的好机会。我们只有正确地把握这一系列的因果关系，才有可能有效地解决相关问题。而为了解决相关问题，我们需要从一开始就正确地把握住因果关系、思考问题的根源所在。

之后，我们便需要解决问题的根源，或者制造出新的原因（采取行动）、导出别的结果。也就是说，我们首先需要找到巧克力销售失败的原因，然后思考应采取怎样的行动（图表4-1）。

但是，从现实情况看，这一理所当然的事情往往难以实现。因为人们通常会在仔细思考原因之前就决定好某一解决方案。所以，我们首先应该养成这样一种习惯，即经常问自己："为什么会发生这种现象？原因是什么？"在第4章内容中，我们将对问题出发点"因果关系"进行确认。

图表4-1　把握因果关系是解决问题的第一步

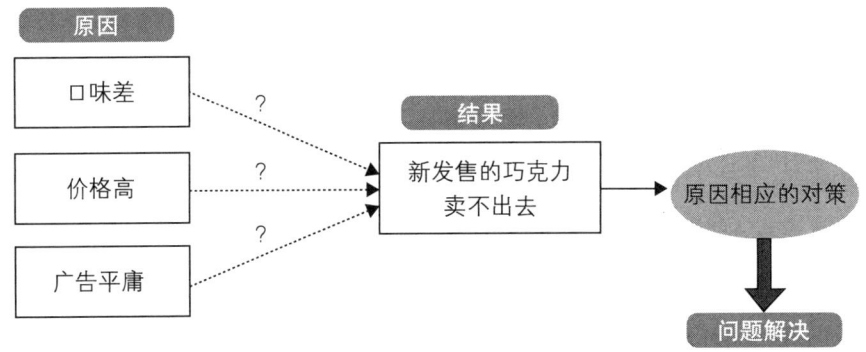

只是了解个大概很难让人放心，因为很多看似没有因果关系的事物总是拥有某种因果关系。在这里，我将为大家介绍几种典型的"会让人产生误解的类型"。大家若是能避开错误，定能进一步逼近"问题的本质"。正确地找出因果关系，这看似简单，实则十分困难，并且还会有很多容易陷入的陷阱存在。和掌握逻辑推理一样，为了能正确地把握因果关系，多加练习尤为重要。在本章的基本解说之后，我也为大家准备了一些练习问题。希望大家能积极地予以利用。

（2）因果关系是什么

◆─ 可以用因果关系解释的条件

为了找到事物间的因果关系，我们需要对以下3点进行检查：

①时间顺序正确

②存在相关关系

③不存在第3因子

①"时间顺序正确"指的是在时间轴上，先有因、再有果。②"存在相关关系"指的是，一方发生改变，另一方也随之改变。比如，"一旦厂商下调对零售店的返点，相应门店中该商品的销售占比也会开始下降"。在这个例子中，由于商品的销售占比会随着返点的改变发生改变，所以两者属于相关关系。③"第3因子"指的是，导致某两种情况产生的共同原因。由于同一个因子成了两种不同情况的共同原因，两种情况便形成了相关关系。而正因相关关系的存在，容易让人产生"存在因果关系"的错觉。事实上，这两种情况间完全不存在或者几乎不存在因果关系。让我们看一看下面这个例子。

"从我们公司书店的销售情况来看，商业书籍销量好的书店，周围总是有很多咖啡店。相反，商业书籍销量不好的书店，周围大多没有咖啡店。由此，可能是咖啡店的顾客在购买我们销售的商业书籍。"

在这个例子中，相关人员提出了这样一种假说，即各连锁书店中商业书籍的销售情况与书店附近咖啡店的数量为相关关系。但是，这两者间的相关关系可能极其微弱。也就是说，"因为喝咖啡（原因），所以会读商业书籍（结果）"这一情况并不多见。相反的"因为买了商业书籍（原因），所以喝咖啡（结果）"也不常见。

尽管如此，两者之间还是存在着相关关系。事实上这是因为第3因子的存在，即"附近办公楼居多（商务人士居多）"这一共通原因的存在。也就是说，"因为附近办公楼很多（原因），所以商业书籍销量良好（结果）"与"因为附近办公楼很多（原因），所以咖啡店很多（结果）"两种情况有所重合，才导致书店各门店商务书籍的销售额与附近咖啡店的数量产生了相关关系。

看清因果关系——推量、类推的重要性

在科学（尤其是自然科学）的世界中，若要确认两事物间是否存在因果关系，通常会将其分别设为 X（原因）与 Y（结果），并检测其是否符合以下三点条件：

①在所有 Y 发生的情况中，一定存在 X

② X 不存在的时候，Y 也不存在

③其他条件相同

在开头介绍的案例中，我们可以先思考"从顾客就座到店员前来帮忙点餐"这一环节特有的而其他环节没有的内容是什么。然后通过比较"等待时间太久这一投诉出现之前与出现之后的情况"来明确发生变化的内容是什么。在此基础上，对能够成为原因的事实进行取舍。

但在商务领域中，我们很难通过这种方式准确地判定是否存在因果关系。为什么这么说？因为存在着一个制约性条件，即与科学领域不同，我们很难在商务领域进行验证性的实验。即使我们想要基于过往的数据进行验证，大多时候也都会面临数据缺失的情况。

以刚才提到的"门店销售占比下降"的情况为例。如果要验证"门店

销售占比的低下"主要是由"返点下调"引起,那我们就有必要将现状与过往的事例、其他店铺的事例做比较。比如通过调查过往事例了解以下情况,即是否在"销售占比"下跌时都存在"返点下调"的情况?以及,"返点没有下调"时是否也存在"销售占比低下"的情况?但是,又有多少家公司留存着充足的数据得以进行这一系列的验证呢?即使拥有这些数据,分析的时间成本也十分巨大。此外,还存在这样一种风险,即昨天还是正确的因果关系,很有可能到了明天就不再正确了。

那么,既然无法对因果关系进行100%的验证、无法断定,我们应该怎么办?直接从结论说起,即结合数据、采访、常识,充分调动自身所有的知识、经验,在此基础上进行80%正确的推理、类推即可。对于自然科学领域的学者而言,这样的做法或许显得十分草率、有失常理,但在商业领域,并不存在普遍的真理。只要自己的解释、说明能让更多的人觉得"的确是这样"就足够了。因此,我们需要积累足够的知识,尤其是那些我们需要进行推埋、类推领域的知识。

当然,有时候也会出现错误的推理、类推。这中间的原因有很多,比如觉得正确的知识其实是错误的,相对于作为依据的过去的事例,当下的情况已经发生了变化等。而提高推理、类推精准度的技巧就在于,最大限度地活用知识、经验,与此同时也不能过度地拘泥于知识、经验。具体什么地方才是分界线,并不能一概而论。但在得出最终结论之前,我们可以问一问自己"这样真的就可以了吗?"以此进行客观的评判、修改。如果自己积累的知识、经验中出现了过时的内容,就要予以修正。通过不断修正,我们的知识便会越来越渊博、越来越正确,我们也能因此做出更恰当的判断。

下面,让我们思考一下练习问题。是什么原因导致了下面的结果?请从四个选项中选出"最妥当"的答案。答案并不只有一个,但希望大家能够说出该答案最为"妥当"的理由,并说出思考的过程。

结果:最近几周,某科室职员的士气明显有所下降,原因是:

①1个月前,公司公布了人事考核制度的改定版

②2个月前,公司出现了新的人事异动,新任部长就任

③公司在半年前举办了部门的联欢会

④上周,科室来了一位年轻的新职员A,但他最近提出了辞呈,希望在下个月月末前离职

解析1

首先,让我们根据时间顺序思考一下。④"A提出了辞呈"是在科室职员士气开始低落之后的事情。如果说A从几周前开始就向周围的人谈论起自己要辞职的事,并由此散布一些不好的谣言,那需要另说,但一般情况下,我们可以将④排除。接下来,让我们看一看相关关系。③"部门联欢会"从表面上看起来与士气低落没有明显的关联。因为首先从时间上来看,两者时间间隔过大;其次,联欢会的举办也很难让人将其与士气低落联系起来。不过,也不是没有这样一种可能性,即联欢会席间该科室员工之间发生了不愉快,当时只有一部分人知道,但最近这事传开了。不过,要说这是"最妥当"的原因还是有些勉强。

当我们继续寻求可能拥有更强相关关系的原因时,便会发现剩下了①和②。两者都具有一定的可能性,但如果同一部门下的其他科室的员工士气没有低落,那②"部长更换"的可能性便会缩小。

结果:优秀的学生都开始选择进入 A 高中学习,原因是:
① A 高中升入名牌大学的升学率正在不断提高
②高中毕业就工作的学生的人数有所减少
③很多教师也希望在 A 高中任职
④前几天得知,A 高中将在明年换新校长

解析2

按时间顺序可以排除④。因为"优秀的学生都开始选择进入 A 高中学习"这一倾向至少在几年前就会有所显现,很难想象前几天才知道的事情会对此造成影响。从相关关系来看,可以说①的关联性最强。②高中毕业生就业率的低下(升学率有所提高)与"优秀学生进入 A 高中的比例上升(指向 A 高中的升学率上升)"间虽有一定的关联,但要说明为什么学生放弃"就职"而选择"A 高中"还需要补充其他的信息。不过,也可以认为②与"结果"都由第 3 因子决定。也就是说,存在着这样一种假说,即"随着人们逐渐意识到上大学的必要性(第 3 因子),高中毕业就找工作的学生人数开始下降(②)。另一方面,名校升学率高的高中也逐渐受到追捧。在这种情况下,由于 A 高中的名校升学率逐渐攀升(原因①),越来越多的学生希望能进入 A 高中学习,升学竞争也由此激化,这进而导致了越来越多的优秀学生都选择进入 A 高中学习(结果)"。至于原因③,因为是"教师工作顺心的学校",所以"学生"选择进入该校学习,这两者也很难让人想到其中的关联。

此外，结果与原因①的因果关系似乎也可以套用到后面将要叙述的"鸡生蛋、蛋生鸡"关系之中。虽然在这个案例中，我们将"升入名牌大学的升学率"视为原因，但随着优秀学生入学人数的增多，该高中的"名校升学率"会因学生的高实力而实现进一步的突破。换句话说，"优秀学生入学人数增加"是"名校升学率有所提升"的原因，而"名校升学率有所提升"也将进一步成为"优秀学生入学人数增加"的原因。

(3) 思考因果关系的步骤

正如前文所述，确定适当的因果关系绝非易事。但在商务领域，要想解决问题，就必须找到"原因就是这个"等能在一定程度上断言的内容。如何跨越两者间的鸿沟、落差，这正是商务人士必须思考的问题。虽然在这一问题上没有什么万能的特效药，但以下三种方法对我们还是特别有帮助的。

①具体地梳理出所有能想到的原因

②不要只停留在"A的原因是B"，还要进一步思考"B的原因又是什么？"

③通过对因果要素进行进一步的梳理、结构化，把握其关联性与影响力

•—— 步骤①：具体地梳理出所有能想到的原因

举个例子，当我们面对"制造工程不合格的现象日渐增多是为什么？"这个问题，由于关联要素实在太多，寻找因果关系便如同大海捞针。结果

导致，人们往往会根据自己偶然想到的、未经验证的假说思考起对策来。比如"因为机器故障现象增多了""那么如何才能减少机器故障呢？"比起像这样草率地从偶然发现的要因入手，我们应该先具体地梳理出要因。

在开头的案例中，泽村基于现场观察推测"（店员）与顾客谈笑"是顾客投诉的原因。但是其实不应这样轻易地下定论，而是要梳理一下是否还存在其他具有影响力的要素。

梳理出具体要因的关键点在于，首先要想到一个与该情形（结果）有关的要因，然后问一问自己，是不是只要有这一个要因就可以了，也就是说，只靠想到的这一个要因，某情况就会发生吗。像这样，通过设想出理想的状态，找出必要的条件。当我们梳理出能达到理想状态的条件后，接下来就需要改变视点，想一想在另一种切入口下，同样的情况有没有可能发生，以此进一步梳理出要因。

比如，让我们想一想"在公寓规定的扔垃圾时间外，仍有垃圾堆在小区的垃圾场中"这一现象产生的要因。首先，要从自己能够想到的要因出发。假设我们第一个想到的要因是"住户按时间规定扔垃圾的意识不足"，那我们就要以此为起点，进一步问自己，为了让"住户按时间规定扔垃圾"，除了"意识"，还需要什么条件。这样一来，我们可能就会想到，还必须满足"扔垃圾的时间是规定好的""该日期规定为居民所知"等条件。接下来，因为要从另外一个切入口切入，所以我们甚至可以大胆地想一想，有没有可能存在这种情况，即虽然"住户按时间规定扔了垃圾"，但"在公寓规定的扔垃圾时间外，仍有垃圾堆在小区的垃圾场中"。由此，我们就会想到，可能是附近别的小区的住户将垃圾扔了过来，抑或是垃圾没有及时回收，因而被留在了垃圾场等（图表4-2）。

图表4-2 具体地梳理出所有能想到的原因

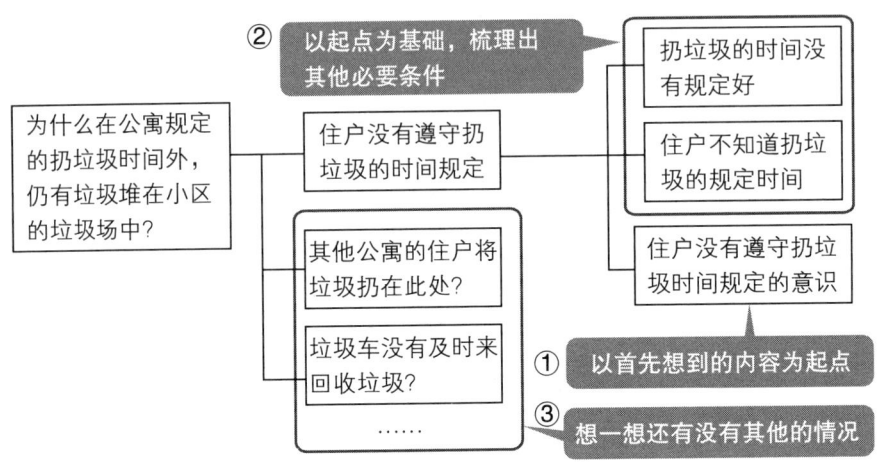

事实上这种方式十分有效,即从某一要因出发,考虑到相关的其他条件,在此基础上思考是否存在其他完全不同的要因群,以此具体地梳理出要因,继而通过时间变化与影响力的大小来进行进一步的筛选。

• 步骤②:进一步追问原因

举个例子,假设我们现在适当地把握住了这样一种因果关系,即"我们之所以研发不出新产品,是因为工程师缺乏干劲"。然而,我们不应止步于此,而是要有进一步探索的意识:"那么,为什么工程师的干劲会不足呢?"因为进一步的追问会对我们下一步的"对策"产生重大影响。

在这个例子中,如果我们的认识是"原因在于工程师缺乏干劲",那么"通过娱乐活动让工程师有所放松"以及"向工程师承诺其成果将与奖金挂钩"等都能成为对策。但是,假设我们进一步询问自己"为什么工程师的干劲会不足?"时,发现了这样一种关系:

"工程师干劲不足"

← "因每天工作太过繁忙而感到疲惫"

← "每个人分到的项目太多"

← "每个项目都会把很多工程师牵扯其中，且公司总是随意地下达研发指示"

这样一来，"在每个项目中排出负责人的优先顺序"这一对策将更为有效，而"通过娱乐活动让工程师有所放松"反而会带来相反的效果。

步骤③：把握因果结构

指的是，通过各要素相互连接，将因果关系画成示意图，清晰地呈现出来。在商务这一因果关系众多的领域中，把握因果关系的结构将有利于我们分析纷繁复杂的情况。

在思考因果关系时，我们首先要对"结果"进行具体的分解，把握其主干。再通过细致地填补结果（也就是输出）与原因（输入）间的空白，逐渐明确两者的关联。至于如何才能细致地思考因果关系、关联，我们需要不断地在思考过程中询问自己，该输入（原因）是否直接作用于这一结果（输出）、是否还存在其他具有影响力的事物或前提。

让我们看一个具体案例。假设在某企业可以观察到以下现象：

①课长工作繁忙

②课长对下属的指导方式不佳

③下属工作能力低下

④下属士气低落

⑤该课业绩欠佳

这一系列现象似乎存在着某种因果关系。用图表来描述的话，我们可以制作出图4-3这样的因果图。由此可知，比课长高一级的部长可以通过"让课长参与相关研究课程，培养其培育下属的能力""通过MBO（目标管理）强制部长空出一部分时间来培育下属"等方式来应对②课长对下属的指导方式不佳的问题。并且，考虑到课长"亲力亲为"的个性，我们可以做一些从根本上解决的方案，比如"强行让部长给下属分配工作任务""更换课长"等。像这样，将各要素联系起来考虑的方法（因果的结构化）有利于我们思考出更为根本的解决方案。

图4-3 把握问题的因果关系（课长工作繁忙）

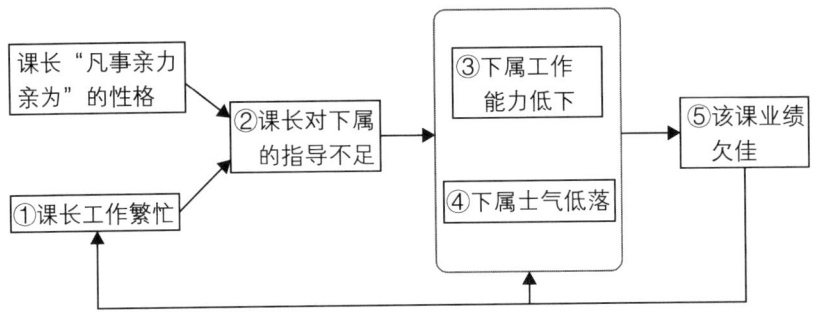

把握因果的结构，能为我们带来以下几点好处：

· 使我们把握住问题的整体情况与机制
· 使我们明确某一现象产生的本质原因，而并非只拘泥于表面"看起来有问题的地方"与"看起来不好的地方"

- 有时候，通过追问原因，我们可以找到更为本质的原因
- 有利于我们更好地理解改善哪一部分的效果比较好（因此优先采取行动解决该问题）
- 有利于我们更好地把握从哪部分入手才能像"多米诺骨牌"般高效地解决问题（或是由此实现"杠杆效应""避免第二次重复作业"）
- 有利于准确预测在某处采取某一措施会带来怎样的变化（更大程度上避免副作用的产生）

一定要记得，我们的目的并不在于绘制一个100%正确的因果关系图（现实生活中也无法实现）。在因果关系图的绘制过程中进行独立的、彻底的思考，或是将其与相关人员共享，这项工作才有意义。

将因果关系结构化时的注意点

在对因果关系进行结构化时，我们要"先进行粗略的整理，再进行细致的连接，最后提炼出重要的部分"。如果一开始就试图从繁杂的要素中提炼出相关内容，逐个确认两个要素之间是否存在相关关系，将花费大量的时间。如同绘画的理论，应先画出粗略的轮廓，之后才描绘细节。同时，完成图的线路如果过于复杂，会影响我们提取有效的信息，所以要大胆地舍弃一些无关的细枝末节。"避免过度跳跃"也是我们需要注意的一点。对于那些看似有关实则存在一定距离的要素，我们仍需踏实地填补它们之间的空白。

（4）良性循环与恶性循环

如上所述，在大多数商务场合，很多现象都是各要素在纷繁复杂的相互作用下产生的。这些结构化的因果关系，有的是良性循环，有的则是恶性循环。说到先有某一原因再有某一结果的单纯因果关系，可以列举出下面这两个"某一原因造成某一结果"的例子：

- 喝了过期的牛奶，腹痛
- 吸烟的习惯诱发了肺癌

但在商务领域中，经常可以见到"鸡生蛋、蛋生鸡"似的因果关系，即某一原因造成了某一结果，该结果又成了新的原因。下面的例子就展现了这种因果关系。

- 销售额与广告支出
- 新产品的发行量与新产品中热销产品的数量
- 销售额与销售部门的动力

是"销售额增加了，广告支出就会增加"，还是"广告支出增加了，销售额就会增加"？一方面，我们可以这样理解，即"随着销售额的增加，可用于广告费用的预算就会增加，广告支出便会随之增加"。另一方面，"随着广告支出的增加，广告效果显现便会促进产品销售额的增加"也说得通。同样，如果向市场投入更多的新产品，其中若是出现了热销产品，热销产品带来的业绩便能提高研发新产品的经费。像这种互为因果的关系，我们称其为"鸡生蛋、蛋生鸡"关系（图表4-4）。

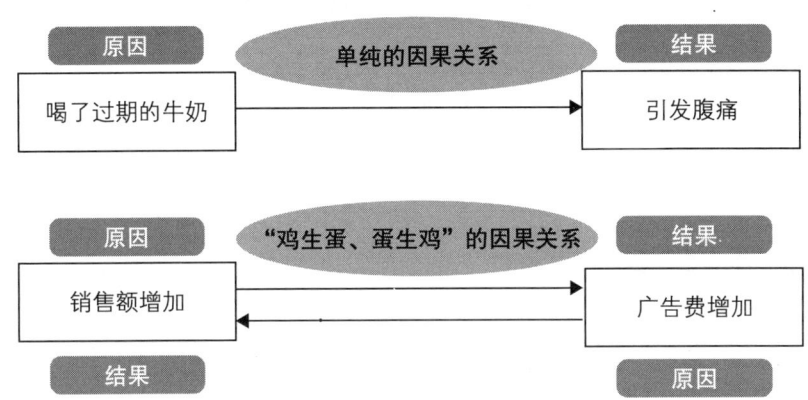

图表4-4 单纯因果关系与"鸡生蛋、蛋生鸡"的因果关系

一般来说，企业经营管理中期待的"鸡生蛋、蛋生鸡"因果关系被称为"良性循环"（好循环、扩大循环），而对于企业想尽量避免的"鸡生蛋、蛋生鸡"因果关系，我们称其为"恶性循环"（坏循环、缩小均衡循环）。在这种情况下，"鸡生蛋、蛋生鸡"关系的构成要素并非只有两个。

图表4-5是某商品品牌影响力打造过程中所面临的良性循环与恶性循环的简化图。首先，让我们看一看良性循环的部分。通过宣传等营销手段以及对高品质产品的投资、开发，该商品在顾客中的评价有所提升，品牌影响力日渐形成，销售额逐渐攀升，而由此带来的利润又进一步被投资到市场营销与商品的品质维持中。从而形成了一个良性的因果关系。

但是，如果其中任何一个要素反向发展，整体情况就会立即恶化，其也会因此陷入恶性循环中。比如，如果因为某种原因导致顾客对该商品的评价恶化，该商品的品牌影响力就会受到影响。随之，销售额也会受到影响。由此，该公司不得不减少其在市场方面的投资。而这将进一步导致品牌影响力的低下。

一般来说，业绩好的公司会以"好业绩"为轴实现多个良性循环的运转。比如，在上述案例中，除了"好业绩→投资市场营销→顾客评价的提升→品牌影响力的提升→好业绩"这一循环，往往还会有以下循环在同时运转：

"好业绩→高薪水/相关部门充满干劲→员工动力的提升→更好的服务→好业绩"

图表4-5　良性循环与恶性循环

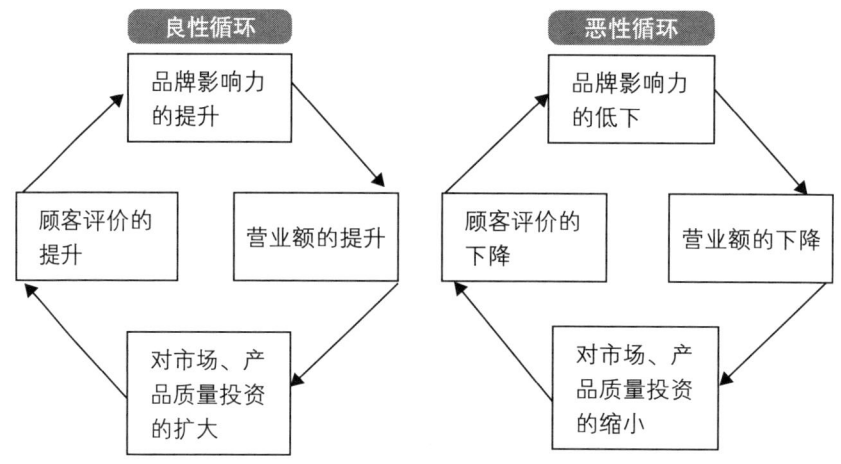

大家若是试着分析自己公司的良性循环、恶性循环，定能由此明确自身的强项是什么、需要解决的问题是什么。但是，我们需要注意的是，不管是良性循环还是恶性循环，一旦该循环开始运转，便是"加速容易停止难"。很多情况下，我们很难通过停止某个环节来停止整个循环的运转，而需要对2～3个环节同时采取相应措施。以图表4-5中的恶性循环为例，为了停止这个恶性循环，我们不仅需要扩大对市场营销、商品品质提升方面的投资，还需削减其他环节的成本以确保这部分投资所需的资本。

这一事实说明，我们应该在循环运转的初期（惯性弱的阶段）就及时采取相应的行动。

●—● 将恶性循环转变为良性循环

恶性循环一旦开始运转便难以遏止。请思考一下，在下面的练习题中，怎样才能将恶性循环转变为良性循环。

练习　工厂的成本结构改造

某点心生产商虽然也研发、制造自主品牌的产品，但主要业务还是为另一品牌公司做食品代生产。放眼望去，厂房内摆放的都是最先进的机器，每天稳定地量产各式各样的产品，可谓活力满满。此时，工厂负责人说道，"真没想到我们的工厂能有今天啊……"

两年前的这家工厂，设备老朽，员工们总是因工作而心力交瘁。

最开始的时候，这家公司主要是依托高水平的制造技术满足顾客的高要求、生产特别订购的点心食品，由此实现了良好业绩。但逐渐地，业绩不再上涨，设备投资也不尽人意，机器在不断老化。为了达成销售目标，销售部门开始积极地满足客户的各种定制需求——即使是很小量的订单也都积极接下。

另一方面，在销售额毫不见涨的情况下，生产部门为了实现利润上涨，开始着力削减员工数量与生产成本。但是，对于销售揽下的定制订单，现有的机器设备完全无法应对。自然而然地，销售部门与生产部门的负责人之间产生了矛盾，发错货、发货延误等问题层出不穷。

在这种情况下，虽然销售接来了订单，但随着生产成本的上升，公司还是无法产生利润。反倒是越有订单，公司的财政赤字就越大，也因此无法投资购入新设备。除了业绩不佳，由于生产方面无法充分地满足客户的定制需求，销售部门与生产部门的对立更是日渐激化，部门上下都充斥着疲劳与不满。

为了挣脱这一泥潭，管理层决定调整销售战略的方向。一直以来，公司都是以生产高附加值的定制产品为强项，但自那以后，其便以单价低却更为普遍的大订单为目标。方针转变后，某大型点心生产商立刻就投来了橄榄枝——希望能委托该公司进行生产加工。但公司却因此陷入了两难境地。因为订单虽大，但委托方的要求也高，就工厂现状而言，并无能力接下此订单。就在这时，厂内年轻员工的一句话使得销售、生产部门毅然奋起："顾客要求虽高，但我们好不容易才有机会实现量产，为什么不挑战一下呢？这也有利于我们重建生产体制啊。"

在这一契机下，销售部门与生产部门开始了积极的合作，在开发、生产上下了极大的功夫以满足顾客的需求。为实现以现有设备构建量产体制的计划，生产一线的员工们也积极地参与其中，提出了各种各样的提议。想当初，由于接下的订单都是高定制订单，销售额甚至有所下降。如今，终于有了实现黑字的希望。

两年之后，当初委托公司进行生产的那家大型点心制造商的产品销售火爆。通过成功构建适应该产品销售的生产体制，公司形成了充分满足市场需求的能力，得以源源不断地向市场提供产品。而产品的销量自然也与公司的利润挂钩，公司又借此导入了新设备，进一步提高了生产的稳定性。此外，由于销售部门与生产部门成功地满足了顾客的需求、实现了良好合作，公司源源不断地接到了大订单，工厂的生产也因规模经济产生了更大的利润。

工厂负责人回忆起当初，这样说道："如果当初没有改变销售方针、没有下决心接下那个大订单，大概就不会有我们厂的今天。"

请思考一下，在这个案例中，最初的恶性循环是怎样的，怎样转变为良性循环，后来形成的良性循环又是怎样的。

首先，让我们看一看工厂员工的想法与行为。

两年前，销售主要接的是小批量的定制订单，而生产主要依靠有限的资源，这两者可以说都是业绩不佳的主要原因。当时，并没有有效的解决方案，业绩一路恶化，投资新设备无望，且销售部门与生产部门的矛盾不断激化，生产效率也备受影响。疲劳感在公司上下蔓延，各部门的被害者意识不断加深，整体形成了一个恶性循环。

但是，多亏管理层调整了方针，以及现场员工有决心落实该方针，形成恶性循环的被害者意识得到了转变。在此契机下，大家开始认真地思考起解决方案，各部门不计前嫌、通力合作，成功地为公司接下了大订单。从结果来看，工厂的生产效率得到了提高，也获得了更大的利润。此时，公司不仅有了资本投资新设备，更有了基于销售部门、生产部门的合作重建生产体制的自信，团队合作能力也得到了大幅提升。于是，良性循环开始形成。

图表4-6是上述恶性循环、良性循环的示意图。为了打破恶性循环，我们需要客观地分析恶性循环的构造、突破自己的思维定式。但是，要脱

离固定观念并非易事。在大多时候，我们只有感受到来自外部的巨大压力、陷入了危机，才会明白自身所面临的现状。然而，如果到这时才意识到眼前的情况，很有可能已经迟了。

图表4-6 将恶性循环转变为良性循环

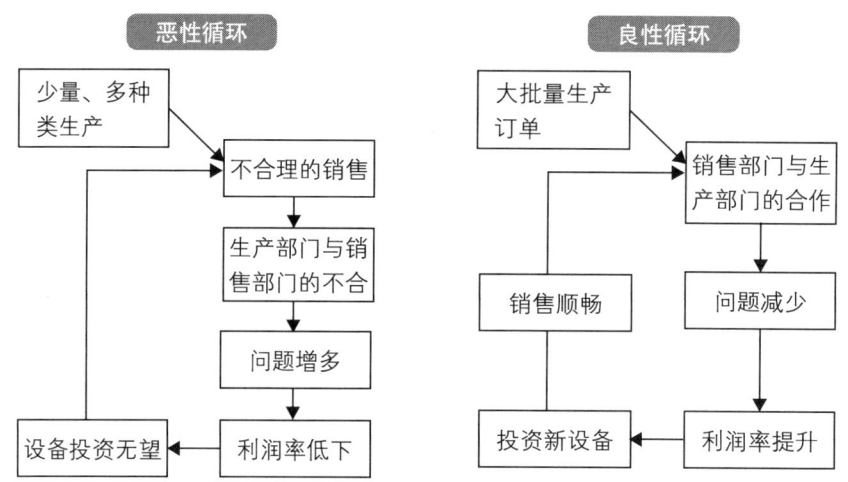

还有一些时候，即使我们好不容易采取了某措施以图打破恶性循环，如果未能带来理想效果，还是会有跌回恶性循环的风险。这个点心厂商的案例也是一样，不管员工们在商讨解决方案时有着多强的主人公意识，如果业绩并未得到实际的提升，他们都会十分受挫，甚至还会因此再度唤起自身的被害者意识。比如他们会想："自己明明都这么努力了，为什么还……"总结下来，最初的成果甚微也无妨，重要的是不断积累成功的经验，培养自信，防止受挫。

专题：重复5次"为什么？"

"重复5次'为什么'"是"丰田生产方式"的创始人大野耐一（原丰田汽车副社长）的名言（详细内容请参考大野耐一《丰田生产方式》，日本钻石社出版）。也就是说，当我们面对一个问题时，不应马上思考问题的答案是什么，而是要针对问题反复问自己5次"为什么？"（"Why?"×5次）。否则，我们便无法发现问题的本质，也无法提出根本的解决方案。

比如，某物料厂商日前出现了"销售不畅"的问题。此时，简单的一句"加强销售工作"并不能帮助我们解决问题。因为简单的一句"加强销售工作"包括增加销售人员人数、制作销售手册、导入销售管理系统等各种各样的内容。仅凭"销售环节薄弱"这一点，我们很难精确地给出具体解决方案。如果在探明原因时偷了懒，我们便难以找出具体的解决方案。话说回来，"销售不畅"→"加强销售工作"也并非是一一对应的关系。如果"销售不畅"的真正原因是"商品并不符合客户需求"，那么在销售工作上下再多的功夫也无济于事。

以丰田的思考方式来看，我们很少能通过一次的"为什么"就明确"真因"（根本原因）。为了探寻根本原因，我们至少要重复询问自己5次"为什么"。下面，就让我们以上述问题为例，看一看如何运用5次"为什么"来探索"真因"。

第1次的"为什么？"：为什么销售额不增长？
（Why?）→因为销售不畅。
第2次的"为什么？"：为什么销售不畅？
（Why?）→因为商品不符合客户的需求。
第3次的"为什么？"：为什么商品不符合客户的需求？

（Why?）→因为没能正确地把握客户的需求。

第4次的"为什么？"：为什么没能正确地把握客户的需求？

（Why?）→因为访谈时没有选对访谈对象（客户方面的相关负责人）。

第5次的"为什么？"：为什么没有选对访谈对象？

（Why?）→因为客户的决策部门发生了改变

如果我们知道"客户的决策部门发生了改变"才是问题的根本原因，对应的解决方案便是"正确地把握客户决策部门、负责人的情况，在此基础上进行相关销售活动以向其推销本公司产品"。之后，我们需要思考的便是"如何才能正确地把握客户决策部门、负责人的情况"。简言之，如果不能找出本质问题，我们便无法提出根本的解决方案。可以说，5次"为什么"是我们找寻问题根本原因时的经典思考方式。那些只能解决表面问题的方案不过是临时的应急措施，很容易会导向错误的解决方案。为此，希望大家在面临问题时能够反复地询问自己"为什么？"以此把握问题的本质。

专题："结构性地把握因果关系"的难度

在商务领域，很多问题并非由某一因素单独引起，而是许多因素共同引起的结构性问题。比如，在工业废弃物非法丢弃现象频发这一问题的背后，可能存在着丢弃方道德水平低下、成本节约意识过强、法律制度不完善等诸多原因。再比如，就建筑工程偷工减料的问题而言，可能涉及总承包商对分包商过度施压、熟练工不足甚至是总承包商财务体系存在问题等原因。如果不能理解这种"结构"性的问题而只是着眼于表面的问题并因此"对症下药"，我们便难以实现问题的最终解决。

但是，很少有人能在脑海中描绘出问题的构造。在商业领域，这样的人更是少之又少。原因主要有两点：第一，在商业世界，原因与结果往往在时间、距离上会有很大的间隔，我们很难看清其中的因果关系。某一决策涉及多个部门的行动，各部门的行动对其他部门造成影响，然后又带来新的决策。这样一来，人们往往会被表面现象所迷惑，采取"治标不治本"的解决方式。而根本问题则被忽视。第二，人们本身就不具备超越自身所属的小团体从而把握全局的习惯，即无法将整体作为一个体系来看待。学校的教育也好，生活中的教育也好，都缺乏这方面的教学、训练。因此，如果我们能掌握"构造性地思考"这一习惯，便可以脱颖而出，领先于竞争对手。

新闻界有一句名言，"事件能够揭露结构"。也就是说，即使某一结构已经存在很久，也未必会被人们发现。而只有当某一事件发生了，其结构才会暴露在阳光下，震惊众人。最近，随着日本某政府机关爆出了丑闻，其背后的结构性问题也开始显现，由此引发了人们的热议。作为商务人士，我们需要避免"为时已晚"的情况，尽量在事发前对"危险的结构"有所察觉。

2 正确解开因果关系的关键点

在因果关系中,像"因为喝了过期的牛奶,所以肚子痛"这样任何人都一目了然的例子到底还是少数。一般来说,我们需要从可观察到的现象中推断出因果关系。而在推断的过程中,有时会出现因果关系判断错误的情况。在本节内容中,我将介绍几种在商务活动中具有代表性的容易陷入的错误判断的类型。通过了解、避免这些错误,大家一定能更好地面对问题、解决问题。

本节将介绍以下四种判断错误的类型:

· 基于直觉进行判断

· 遗漏第3因子

· 因果关系的错误判断

· 最后的稻草

此外,与因果关系结构相近的还有"目的与手段"这一关系。关于这部分内容,我将向大家介绍以下三种人们容易陷入的陷阱:

· 真正的目的不为人知

· 手段的目的化

· 意料之外的副作用

（1）基于直觉进行判断

正如我在第1节中所述，正确地把握因果关系十分困难。理论上来说，我们的确可以通过实验、调查验证因果关系。但就实际情况而言，考虑到时间以及成本问题，我们很难做到那一步。为此，很多人都会陷入这样一种陷阱，即还没思考因果关系是否存在，就凭直觉断定"两者之间存在因果关系"。当然，人的直觉有时是准确的，但也常常导向轻率的判断。

让我们看一看下面这个例子。

"学生时代在体育协会、学生社团当学生干部的经历越多，就越容易被理想的公司录取。"

在如今这个时代，人们总感觉存在着上述这样一种规律。此时，如果周围有人的经历正是如此（学生时代有过学生干部的经历，然后也成功地进了理想的公司），人们就更会在无意识的情况下对此深信不疑。但是别忘了，也有那些虽没有学生干部经历却也成功被理想公司录取的毕业生，而虽具备丰富的学生干部经验却被理想企业拒之门外的毕业生也大有人在。所以说，如果我们没有通过一定程度的调查确认了相关关系，就无法得出正确的答案。如图表4-7所示，如果调查结果为①，最初的命题便得到验证。但如果调查结果为②，那最初的命题便是错误的。

再来看看下面这个例子。

"大多数和A一起工作过的人都在此过程中有所成长。虽然每个人成长程度不同，但大家都还是在某方面有所成长了。"

相信各位读者所在的公司中，也存在这么一位会让周围人有如此评价的管理者。但是仔细想一想，不管是谁，经过了一段时间都会在某方面有所成长。如果能明确"和A一起工作会有所成长"的机制倒也无可厚非

图表4-7 学生时代的学生干部经验与就职成功率（进入理想公司）的相关性

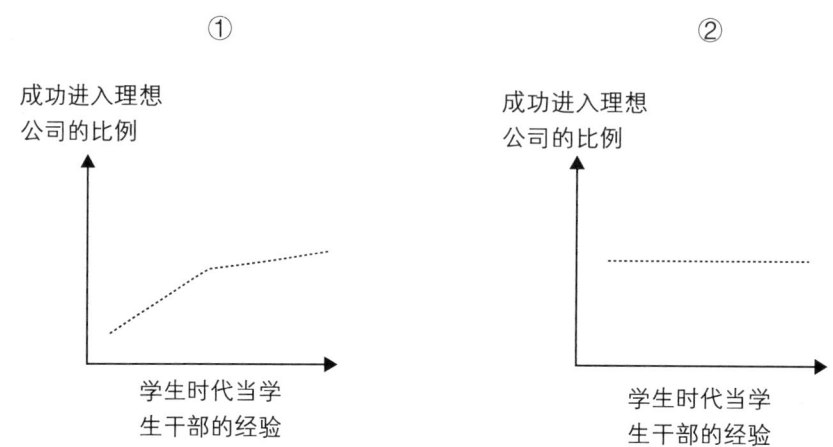

（比如 A 会恰当地教育下属以及有计划地给下属分配任务等），但是，如果这仅仅只是"黑箱子"（不知内部结构，只知输入、输出的特性）般的评价，还是不要囫囵吞枣信以为真比较好。因为我们可能会因此被表面现象迷惑，阴差阳错地将本不属于 A 的功劳归功于他。

练习

请指出下面内容中错误的因果关系（数据均为虚构）。

"去年，约 6 成新上市的公司都在利用 SNS（社交网络服务）进行市场营销。"

"日本股票时价总额排名前 100 的公司中，7 成的公司都在利用 SNS（社交网络服务）进行市场营销。"

➢ "对 SNS 的利用正在成为企业获得成功的重要武器。"

> **解析**

与刚才提到的学生就职案例一样，在这个例子中，如果我们不对"列举出的对象"之外的那些利用SNS（社交网络服务）的情况进行调查，便无法给出确定结论。如果真能如图表4-8中的①所示，"成功"企业（上市且市价总额排名位于前100）对SNS（社交网络服务）的利用程度远高于"不成功"的企业，"对SNS的利用正在成为企业获得成功的重要武器"这一结论才会具有一定的说服力。

但是，如果像②一样，前者与后者在SNS的利用方面没有差距，那我们得出的结论应是"是否充分利用SNS并非企业能否成功的决定性因素"。不过，如果如③所示，业绩不佳的企业对SNS的利用程度反而更高，那我们得出的结论或许是"如果想实现好的业绩，还是不要利用SNS比较好"。

图表4-8　对SNS的充分利用是否为企业成功的条件

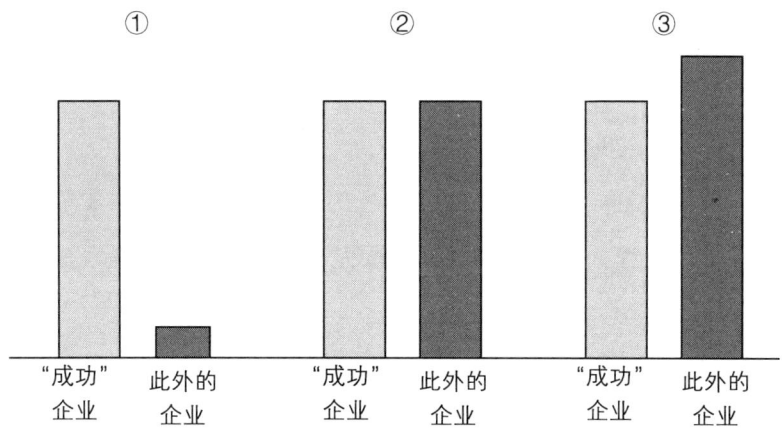

在考虑因果关系时，除了需要用一定的数据实证作为支撑，搭建某一假设的逻辑也应当能将各事项串联起来。在这个例子中，我们可以假设其中存在这样的逻辑。

在市场营销中充分利用SNS（社交网络服务）
➤能够锁定优质客源；能够以低成本高效地进行广告宣传；能为顾客提供产品以外的新价值；能够开拓新的盈利渠道……
➤企业能够取得进一步的成功

（2）遗漏第3因子

第二种错误判断的类型是遗漏第3因子。在第3因子的作用下，会有两种结果同时产生（假设分别为结果A、结果B）。此时，如果我们忽略了第3因子的存在，便很容易误以为A与B之间存在着因果关系。因为A与B都是基于第3因子产生的，所以两者之间必然会有一定的相关性。虽说具备相关关系是具备因果关系的必然条件，但并非有了相关关系就一定会有因果关系。下面让我们来看一个例子。

"英语课程Z的目的在于提高学习者的英语听力水平。事实证明，相对于没有学习该课程的人，学习了英语课程Z的学员，英语听力获取的信息量高出120%。"

我们在一些英语教材中经常可以见到这些话。通过展示数据，上述说法显得客观性很强，于是人们深信不疑。但是，那些数据真的正确吗？事实上，正如图表4-9所示，还有可能存在第3因子。比如，我们无法否认这一点,越是想提高英语听力水平的人,可能就越会积极地接触、使用英语,且对英语辅导书的关注度也会越高。

图表4-9　因第3因子产生的相关性

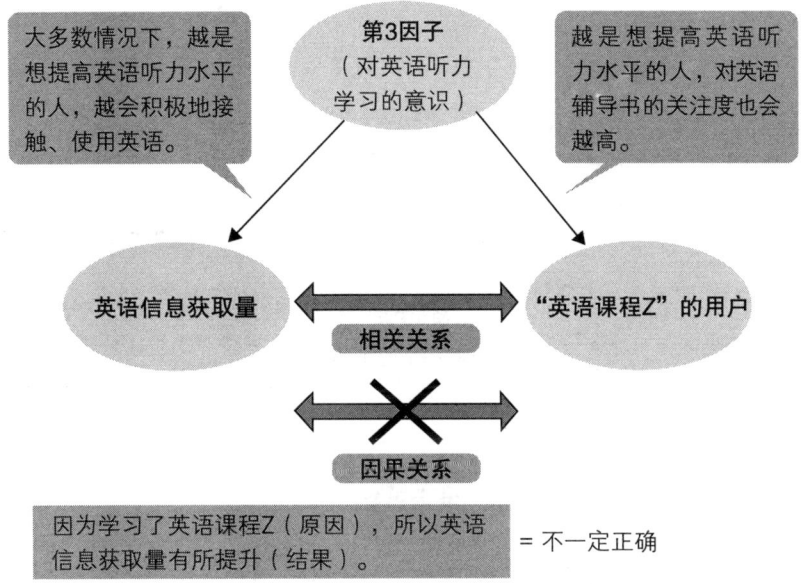

如果英语教材的出版者想要排除这个可能性,需要记录并比较同一名学员在学习英语课程Z前后的听力水平。

此外,将"英语信息获取量"作为指标这一点也让人十分在意。由于这一概念的定义因人而异,无法保证客观性,所以难免会被人们批判为太过随意。如果想要提高客观性,或许需要凭借托业等能够客观评估听力水平的英语考试来证明。

在商务领域,如果我们做出了类似的错误判断,便很容易在采取对策时发生错误。比如,某服务业公司,在其他公司进入相关市场的同时,其销售额开始下降。为此，该公司得出的结论是，"竞争的升级导致了销售额的下降"。这种可能性当然存在。但也可能是出于这样一种原因，即该公司服务质量低下，由此使得其他公司得以顺利地进入该市场并进一步导致了该公司销售额的下降。此时，如果我们没有注意到服务质量低（第3因子）这一点，而都在考虑如何应对竞争，便无法恢复以往的销售业绩（图表4-10）。

图表4-10 因果关系的遗漏将导致对策的遗漏

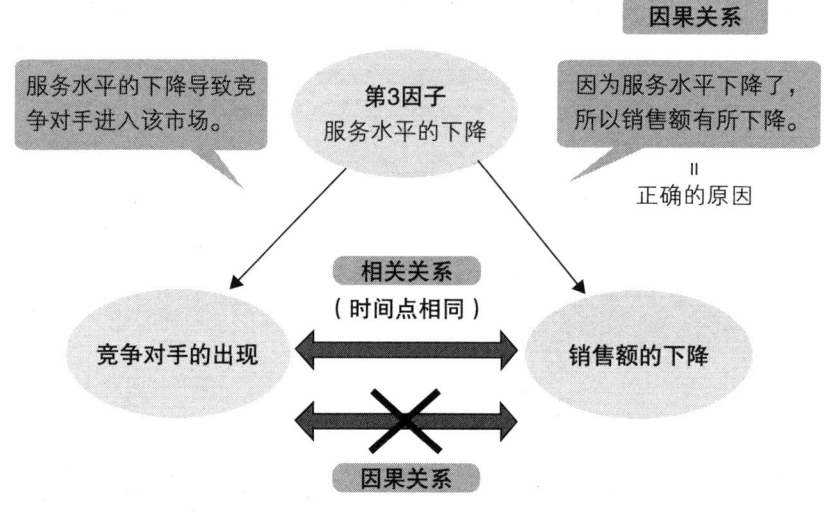

练习

下面的因果关系中出现了怎样的错误判断。

A公司最近对其员工进行了"愿景共鸣程度调查"。结果显示，越是对公司愿景有共鸣的员工，在公司内的人脉越广。基于这一结果，该公司认为，"越是对公司愿景有共鸣的员工，越注重搭建自身的人际关系网"。

上述结论可能忽略了"工作年数"或"职位"等作为第3因子的事实。也就是说，很有可能是"员工的工作年数越长，对公司愿景的共鸣就越强。且随着工作年数的增加，其在公司内的人脉也得以日渐宽广"。或者"因为公司内的晋升需要对候选人进行愿景共鸣程度的考核（对公司愿景没有共鸣的人难以实现晋升），所以职位高的人对公司愿景的共鸣都很强。而职位高的人更容易拓宽在公司的人脉"。

（3）因果关系的错误判断

很多情况下，我们往往会判断错因果关系，或是错将"鸡生蛋、蛋生鸡关系"看作单纯的因果关系。一旦发生了这样的错误判断，我们即使有排除相关原因的想法，实际情况中也很难获得期望的效果。让我们看一看下面这个例子。

"位列业界第1位的厂商A，其成本极其低廉"

"位列业界第2位的厂商B，其成本极其低廉"

"位列业界第3位的厂商C，其成本极其低廉"

➤ "降低成本能促进企业占据高市场份额"

➤ "我们公司的生产成本较高，需要改善"

这一想法是否正确？的确，降低成本有时能促进企业占据较高的市场份额。这是因为降低成本能够帮助生产商降低产品售价，而售价的降低又能提高企业市场份额。但是相比之下，另一种情况的可能性更高，即"市场份额越大，企业实现规模生产的可能性也就越大。由此得以促进企业实现低成本生产。"也就是说，A、B、C 三厂商并非是"因为生产成本低，所以市场份额大"，而是"因为市场份额大，所以生产成本低"。虽然无法判断哪一个因素的作用更强，但我们确实很容易判断错其中的因果关系。

再来看看下面这个例子。

两位大学同学近期见面，互相诉说了工作的近况。其中一位在商社工作了 5 年，今年刚成为新员工的导师。当问他："第一次当导师，应该会很用心去教吧？"

他这样回答道："唉，很苦恼啊。总感觉新员工怎么教也教不会。同一个错误，他总是会犯很多遍。我刚开始还想，是不是自己表达方式有问题，可每次问他有没有听懂吧，他又说听懂了。听懂了还犯错，那就是他注意力不集中了吧。我只能让他把每一个任务都向我汇报，心想这样我才能检查每一个环节。但问题还是层出不穷。我自己的工作也遇到了瓶颈。唉，实在是有点不知怎么办才好。"

在这个案例中，这位同学似乎把新员工的问题归因于注意力不集中。当然，注意力不集中（原因）的确能成为重复某一错误（结果）的原因。但是也存在这种可能性，即经常犯某一错误导致了工作量的增加（原因），而工作量的增加进而导致了该员工错误的增加（结果）。还有另一种可能，即因为要应对工作中出现的问题，所以导致了非常规工作任务的不断增加。而因为要应对这一系列非常规的工作任务，反而又使该员工陷入了慌乱。在这种情况下，不管这位导师多么细致地检查新员工的工作，都无济于事。

只会进一步浪费时间、精力。为此，他或许需要找出其他的潜在原因并制定相应的对策。比如新员工被分配的业务量超出了个人能力，因此无法做到游刃有余；或者部门的业务流程不够清晰、明确，容易让人犯错。

图表4-11 因果关系的错误判断

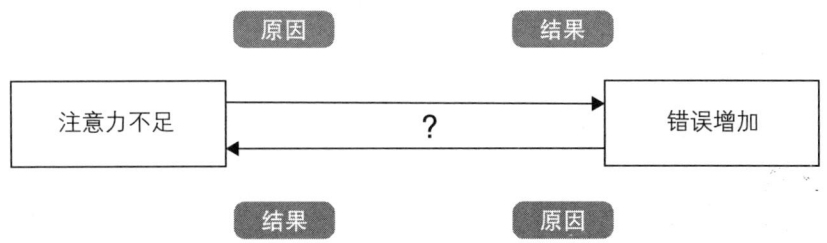

练习

下面的逻辑推理中出现了怎样的因果判断错误。

"在美国工作过 5 年的 A 对文化多样性的包容程度很高"

"在印度工作了 6 年的 B 同样对文化多样性十分包容"

"在巴西工作了 7 年的 C 也能够接受文化的多样性"

➤ "在海外工作了一定时间的人能够形成接受文化多样性的心态"

➤ "我们公司也应该多派年轻员工出国工作，以此来建设能包容文化多样性的企业体制"

解析

"在海外工作过→形成接受文化多样性的心态"这一情况当然存在。通过在海外与各种不同文化背景的人接触，人们自然会形成接受不同文化、尊重不同文化的心态。但我们也可以认为"正因这些人能够接受多元文化，他们才能长期在国外工作"。事实上，有很多员工因为无法适应国外生活而不得不重新回国工作的例子。如果后面这种更接近实际情况，那我们似乎就要对那些不管员工个性是否适合，一律将其派往国外工作的做法打上问号了。

（4）最后的稻草

最后的稻草（Last Straw）指的是，"错将偶然发生在最后或是偶然显现的内容当作根本原因"。

"最后的稻草"本来是一句西方谚语。让骆驼背负超出其承载能力的行李会让骆驼陷入极端疲惫的状态，当疲劳积累到极限时，即使是增加一根稻草的重量，也会让骆驼瞬间倒下。而这句谚语指的是：当骆驼累倒时，人们往往不会想到"过度利用骆驼"这一原因，而是认为"那个将最后一根稻草放在骆驼身上的人"才是罪魁祸首。

在商务领域，这样的例子更是数不胜数。比如，由于某公司一直以来总是漏洞百出，客户对此表现出了极大的不满。某天，这一合作公司打来了电话，正好是一位实习生接的电话，且没能恰当应对。终于，客户的怒气爆发了，一直闹到了社长那里。社长让相关课长予以调查，课长便找到了那位实习生，指责他"看看你都干了些什么"。究其原因，课长并没有意识到客户的愤怒根本是源于公司层出不穷的工作漏洞，而错以为应将责任归于实习生接电话的态度、效果这一"最后的稻草"上。在这种情况下，不管课长如何严厉地责备该实习生，都无法解决根本问题，客户的怒气也不会消失（图表4-12）。

图表4-12 最后的稻草

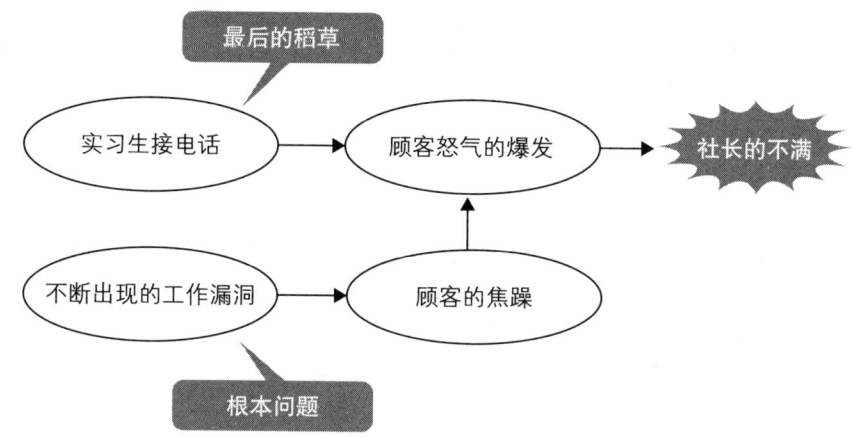

让我们再看另一个例子。

X公司主要代理人事、劳动等方面的管理业务。作为工资支付、出勤管理的外包公司，成立十年来，一步一脚印地发展到了今天的规模。其向客户公司提供的管理软件、咨询服务深受好评，客户满意度极高。原先在这个市场中，X公司面临着许多竞争对手，竞争十分激烈。但客户的高评价使其在行业中的知名度不断扩大，发展也不断加速。

此时，Y公司也提出愿意将相关业务外包给X公司。相比一直以来的客户公司，Y公司的规模还要高出一层。由于Y公司在价格、服务质量方面提出的要求都过为严苛，X公司为此特别成立了相关小组与Y公司进行交涉。这时，由于负责Y公司的销售人员因家庭原因辞了职，公司急忙派Z补上。

之后没过多久，X公司便成功获得了Y的订单。整个导入过程、后续跟进都十分顺畅，X公司也获得了Y公司的高度评价。"代理Y公司人事业务"这一业绩在向其他公司进行销售时发挥了很大的作用，X 公司的发展也由此更上一层楼。在 X 公司内，很多人称赞 Z，"能够接下 Y 的大订单，Z 可以说是大功臣"。公司也因此将 Z 提拔成了执行董事。

的确，我们不能无视 Z 在此过程中的贡献，尽管是"临时上阵"，却也顺利地完成了应对大客户的任务。但是，Z 的贡献是否就是 X 公司获得 Y 公司订单，甚至是促进 X 公司进一步发展的决定性因素（或者说最大的要因），还需要我们进一步的调查、了解。另外，即使是从销售负责人的贡献度来看，Z 所在职位的前任员工的功劳也更大才对。而 Z 本身的言行并未对 Y 公司的决策带来任何影响。更何况，相比销售负责人个人的贡献，X 公司本身拥有的实力，即其所开发的管理软件的高品质以及售后服务中顾客的高满意度（或是好评）或许才是该公司获得 Y 公司订单的决定性因素。

在一条价值链中，哪个环节最能影响顾客的购买行为？与竞争对手相比，自身的强项有哪些？这些都是我们在企业战略中最需要优先解决的问题。同时，当企业取得某一重大成果时，对谁进行多大程度的人事调动也会严重影响企业组织成员的士气。但就现实情况而言，我们总是会不经分析就将目光聚焦于企业内某突出部门（有的公司是销售部，有的公司是开发部）的功绩。

有人也许会认为"最后的稻草"意为"明明对结果没有多大影响，却被误认为造成结果的主要原因"。但在商务领域，我们还需要提防其蕴含的另一种陷阱，即"某人、某事物虽对结果的产生造成了一定程度的影响，但该影响却被人们过度放大，误认为是主要原因"。

> 练习

请指出下列文章中的"最后的稻草"。同时，请思考一下，什么才是其根本原因。

一个旅行社分公司的销售人员最近错失了某重要客户的订单。当上司询问原因时，他这样答道，"因为对方的负责人被换掉了，该客户一直以来所坚持的方针也发生了改变"。当上司进一步询问是否还存在其他原因时，他没有深入思考，只是回答"没有其他原因了。应该就是因为对方负责人换了人"。

> 解析

在上述案例中，"最后的稻草"可以是"客户负责人换了人"，而根本原因则可以是"无法提出有吸引力的方案以满足顾客需求""未能掌握其他竞争对手的动向"等。很多时候，我们不仅会将最后发生的事情当作某情况发生的本质原因，还会将"显眼"的要素、最先想到的内容当作本质原因。客户方面实际上也是如此，即使确实是因为旅行社没能为自身提供想要的服务而拒绝下单，有时也会借别的理由来搪塞。

图式——四大错误判断共通的要因

在上述内容中，我对四大错误判断的类型进行了介绍。为了便于大家理解，我将这些错误类型分为了四种。但事实上，它们之间还存在着共通的要因。图式指的是，在面对各种事物时，"当事人在没有意识的情况下所拥有的固定观念、思考方式"。比如说，当你去中国的时候，看见了街边深绿色的邮筒，你马上就会想，"原来中国的邮筒是深绿色的"。这实际上是因为我们日本人在不知不觉的过程中形成了"邮筒是红色的"这一图式。

定势思维和偏见都属于图式的一种。"定势思维"指的是人们对某事物的一般印象与概念的理解。比如,"日本游客总是戴着眼镜,身上挂着相机"就是人们对于出国旅游的日本游客的一种思维定式。顾名思义,"偏见"指的就是偏离客观情况的观念,多为贬义。图式是一个宽泛的范畴,同时包括定势思维与偏见。

有时,图式也会以这样一种形式出现。假设现在有一位管理者因公司发展前景不明朗而心灰意冷。此时,他的朋友出现了。这位朋友给他提出了很多改善经营管理的意见,还鼓励他:"总会好起来的!加把劲吧!"接下来,另一位女性朋友出现了。她告诉这位管理者:"你要乐观地看待问题。"后来,又有第三位朋友告诉他:"星期天去教会做个祷告吧!"可以说,他的第一位朋友是从经营管理的角度,第二位朋友是从心理学的角度,而第三位朋友是从宗教角度来看待问题的。也就是说,即使面对同一个问题,人们也能给出不同的意见。这正是因为每个人所积累的经验、知识各不相同,对事物的看法、思考方式也是不同的。

因为图式的存在,人们往往会不经思考就草率地得出结论,从而陷入前文所述的思维陷阱。但是,图式并非只有坏处。有时候,正因为图式的存在,我们才能缩短思考时间、提高思考的效率。如果拆除了图式,人们便不得不全部从零思考,这将耗费大量的时间。因此,将图式看作"完全的恶"并过分在意其存在是错误的。知晓图式的存在、聪明地加以利用,才会有助于提高批判性思维能力。

◆— 目的与手段是什么

除了"原因与结果"的关系,还存在"目的与手段"的关系。前者基本上指的是过去的事物，而后者主要指向未来。与过去的"原因与结果"不同，在"目的与手段"的关系中，手段在某种程度上是可控的，我们可以通过结合不同手段来实现理想结果（目的）。在商务领域，很少有"只要采取这一手段，就一定能达到目的"的情况（即某一手段是实现某一结果的充分条件）。为此，我们需要结合不同的手段，尽量满足实现结果所需的条件。在思考手段时，我们不能只是坐在桌边空想，而需要充分发挥自己的想象力，在想象的情境中思考。

一旦确定了需要采取的手段，我们下一步就应该反问自己："这样就能帮助我们达到目的了吗？"如果仅凭该手段并不能帮助我们达成最初的目标，那我们就需要思考，是否可以通过结合不同的手段来达到目的。有时候，即使仅凭某一手段就能帮助我们达到最初的目的，我们还是应该"贪心"地思考：结合其他手段，是否有可能帮助我们进一步扩大效果、提高效率。

接下来，我将介绍关于"目的与手段"的三种错误判断，它们都是我们在商务场合中容易落入的陷阱。

（5）真正的目的不为人知

根据所设定的目标的不同，所需的手段也会发生很大的变化。反过来说，在选择手段（行为）前，我们有必要事先制定好明确的目标。但是，目标明确且相关人员之间能达成共识的情况少之又少。就实际情况而言，大都是没有明确的目标就开始盲目地行动，或者即使有类似目标的东西存在，相关人员也并未对其有清晰的认识。结果导致，人们并不清楚应该做什么，目标也因此没能达成。所以说，要解决问题，我们先要明确目的，并且要让相关人员对此有充分的认识。让我们看一个例子。

在某公司，过去有一条不成文的规矩，即"多与其他部门的人交流，哪怕是为了私人事宜也可以"。但最近，出现了这样一种"不恰当"的行为——即使是在工作时间，也有员工闲聊，且闲聊时间长达1小时。

这条不成文的规矩原本是为了促进各部门员工之间的交流，进而提高公司的生产效率（跨部门改善业务、就新产品开发进行"头脑风暴"等）。但结果导致了公司生产效率的下降。虽说"不恰当"行为的频发是由"私人事宜也可以"这部分内容引发的，但最根本的原因还是在于员工没能认识到该不成文规矩的真正目的。

下面的文章中，真正的目的是什么？

A公司为了提高修理服务部员工的主人公意识与干劲，进而提高消费者满意程度，近期将原为成本中心的该部门（修理服务部）转成了利润中心。但是，为了提高自身的销售额，修理服务部竟开始为顾客进行不必要的产品检查与修理，由此招来了顾客极大的不满。

在这一例子中，公司的真正目的在于提高顾客满意程度。但是，修理服务部员工并没有充分地认识和理解该目的。他们采取的行动反而招致了顾客的不满。

（6）手段的目的化

我们原本应该为了实现某一目的而选择相应手段，但有时候，实施的手段本身可能会变成我们的目的。也就是说，在实施手段的过程中，原本的目的被我们遗忘了。

让我们看一看下面这个例子。

为了提高员工的工作干劲，Z 公司决定对那些超过目标销售额的分店的员工发放特别奖金。为了不输给其他分店，分店 A 的店长给员工施加了极大的压力。结果，在 A 分店，员工的士气不但没有提高，整个店铺的氛围也因销售压力变得十分沉闷。

在这个例子中，A 店店长忘记了"提高员工士气"这一目的，而只是关注"该如何获取特别奖金"。如果他能明确地认识到公司的目的，那么，他给员下下达指令的方式一定也会有所改变。所以，尤其是在给他人下达工作指令时，我们需要事先明确地说明目的。如果不这样做，接受指示的一方很有可能会把忠实地执行指示作为自己的使命。

在下面的文章中，手段是如何变为目的的？

B 最近做了一次体检。医生告诉他，"体重有点偏重。这样下去很有可能会得生活习惯病"。听到这话，B 马上想起了自己的家人。于是，他马上开始了节食与运动的减肥计划。体重数值的不断下跌让 B 感到愉快。为此，他更是加强了节食与运动的强度。结果，体重是下降了，但 B 也因为营养不良住进了医院。

在这个例子中，B忘记了"健康"这一目的，反而将"减肥"这一手段当成了目的。如果他能够清楚地意识到自己的目的，便能在体重下降到合适数值时停止过度的减肥计划。

（7）意料之外的副作用

当我们在思考手段时，还有一点一定不能忘记，即"当我们使用某一手段以求实现某一目的时，可能会在某个环节出现某个带来巨大负面影响的问题"。比如下面这个例子。

20世纪20年代，为了保护国民的健康、减少犯罪与懒惰，美国实施了"禁酒令"。但是，与预想的相反，"禁酒令"的出现反而使粗制滥造的私酿酒厂开始蔓延。相比"禁酒令"颁布之前，更多的人因为酒精中毒或是酒中混合的不纯物质而死亡。此外，私酿酒的制造、贩卖成了黑手党装备的资金来源，在黑手党势力扩大的过程中发挥了重要作用。

为此，在选择手段时，我们有必要在事前充分地发挥想象力，想一想是否有可能产生预想外的副作用、副产品。如果能够预料到某些不希望看到的副作用，我们则需事前想好应对策略。

实施下列手段可能会引发怎样的副作用？

近日，一家日本企业决定将英语作为公司的官方语言，借此努力成为全球化背景下的强大企业。具体来说，其在晋升考试中增加了"托福100分以上"的标准，并规定所有会议都使用英语。

可能会产生如下的副作用：

员工的精力集中于如何说好英语，而非会议的根本议题；员工的交流有所增多，但在业务中出现懈怠；将公司内部的英文材料发送给其他日本企业（介绍自身业务）时，需要全部翻译成日语；专业能力突出的人才因英语水平的限制无法得到适当评价，导致他们士气减弱或是马上辞职。

当然，如果能同时想到应对此副作用的策略，或是判断出实施该手段带来的好处会超过坏处时，选择实施相关手段也无可厚非。

专题：证明因果关系的难度

正如我在本章中反复提及的，要100%地确定某一因果关系十分困难。在这里，让我们再来看看"归纳原因的难度"与"证明第3因子不存在的难度"。

归纳原因的难度

在"单纯的因果关系"中，我介绍了"因为喝了过期的牛奶，所以腹痛"的例子。但是，"腹痛的原因是喝了过期的牛奶"这一表述却会引发质疑。为了进行简明易懂的说明，我们假设这里的腹痛为胃痛。胃痛的原因有很多，精神压力、长时间的空腹、营养不良、暴饮暴食、胃炎、过敏、中毒等都可能导致胃痛。

但是，我们无法断言上述列举的就是胃痛的全部原因。世界上有各种各样我们不知道的病痛，关于胃痛的原因，有些我们可能想都想不到。所以，为了100%地确定某一因果关系，我们需要将所有原因都列举出来，从中选出最正确的原因，并进一步通过实验等验证该因果关系。但是，正如我在此处的想法，归纳出所有的原因极其困难。如果我们无法对所有的原因进行确认，就无法否定漏掉的原因中可能存在根本原因。

基于这样一种难度，我们不应花费时间追求100%的证明，而是要通过类推、推理等追求80%的证明。因为后者更加高效。

证明第3因子不存在的难度

为了证明某一因果关系，确认"不存在第3因子"同样不可或缺。但是，证明第3因子不存在也很困难。一般来说，"相比证明某一事物存在，证明其不存在更有难度"。其中最典型的就是证明幽灵不存在。案件调查中的"不在场证明"也是一样。人们往往不能直接证明自己不在现场，而是通过当时身处别处这一信息间接地证明自己不在现场。

同样，要证明因果关系中的第3因子不存在并非易事。商务领域自然不用说，自然科学领域也是如此。比如，某烟草公司提出了这样一种假说，即"吸烟不是肺癌的直接原因，吸烟者（准确地说，应该是拥有容易吸烟上瘾体质的人群）与肺癌患者可能带有某种共同的基因（第3因子）"。也就是说，"一方面，带有这种基因的人更容易感受到压力，更容易依靠香烟等嗜好品。另一方面，这种基因与癌症的出现存在一定的关联"。对此，我们很难证明这种基因不存在。

3 练习问题

【问题】

为了加深大家对因果关系的理解，我们来做一个综合练习题。请就"AZ解决方案服务"的案例谈谈你的想法。

【案例】AZ 解决方案服务

"AZ 解决方案服务"是一家咨询公司，在独立咨询公司中处于较高水平。主要擅长涉及网络营销与 IT 的咨询项目。过去，该公司的客户主要是中小企业，但最近，越来越多的大公司也开始购买他们的服务。在经济不景气的背景下，该公司却凭借独特的咨询方式广受好评，近几年里每年销售额都持续着 20% 左右的增长。

不过，看似"顺风顺水"的 AZ 解决方案服务公司也有它自己的烦恼，即客户中大公司的数量确实有所增加，但与长期合作的中小企业客户不同，大公司往往在 1~2 年之后就会终止与 AZ 的合约关系。

AZ 询问了这些客户不续约的理由，其中大多都回答"我们选了别的咨询公司"。

负责重点客户（大公司客户）的高级合伙人佐野东树部长因此感到十

分焦虑（在咨询公司中，合伙人指的是作为公司共同经营者的咨询师。其不仅在咨询业务方面负有工作职责，更重要的还是让客户购买公司的服务）。

幸运的是，由于新客户还在不断增多，面向大客户的销售额仍在增长。但在咨询行业中，老客户的续约率如果不高，市场营销的成本就会变得十分高昂。公司运营也必须从零开始，否则便无法实现高利润。

佐野部长叫来了年轻的咨询师若山英男，准备问一问他原因究竟是什么。若山虽然还没有当过项目经理，但也参与了很多项目，算是一位工作踏实的年轻咨询师。因为若山干劲高、体力好，同时进行好几项工作也总是不厌烦，所以佐野这次特地找了他。

几天后，佐野收到了若山回复的邮件。

关于如何提高大企业客户续约率的对策

　　结论：为提高客户续约率，合伙人应增加定期拜访自身负责的客户公司的频率。

　　理由：本人对多家大型客户公司的相关负责人进行了访谈，多都表示对公司的咨询服务本身没有不满。相反，他们中很多都给出了高度好评。也有很多表示"贵公司的员工们真是不分昼夜地努力工作呢"。

　　不过，从咨询的实际工作内容来说，项目经理级别以下大多也就是送送资料的活，包括我在内，平时并没有接受过正规的销售训练。当然，项目经理每次都会基于新的问题努力争取让客户续约。但他们的销售水平并没有合伙人那么高。

以我最近参加的一个咨询项目为例，当我们再次拜访某医药厂商 X 的相关负责人时，对方这样说道，"因为贵公司没有提到新项目的事，所以我们决定跟正好为我们提出了一个新方案的 Y 咨询公司签约"。Y 公司与我们在报价、解决方法上都十分相似，所以应该不是因为"性价比"输给他们。补充一句，负责这个项目的合伙人每年只去客户那儿一两次，日常事务几乎都是交给一线咨询师。

　　还有一个比较有趣的现象。越是财阀集团公司、历史悠久的公司，续约率就越低。因为我们的竞争对手都想拿到这些历史悠久的公司的订单，所以从这点来看，我们也要积极地进行销售。

　　综上我认为，应该让擅长营销的合伙人多去业务现场、多与对方负责人进行交流，尽量让他们继续购买我们的服务。

【解析】

　　本次若山接到的任务主题是，找出大客户续约率低的原因并思考相应对策。

　　顾客流失是各种原因综合作用的结果。所以在思考原因为何时，我们也必须从各个角度出发。如果遗漏了重要的原因，解决方案的效果必将大打折扣。

　　但是，若山却在邮件中将结论简单地归结为"提升续约率需要合伙人加强销售活动"。当然，这也的确是提升续约率的一个重要对策，但其是否能解决根本问题，还有待进一步确认。除此之外还存在着其他解决方案，不过在这封邮件中，我们并没有看出若山也对其他可能性进行了探索。

究其原因，或是因为若山忙于日常的咨询工作，并没有多余的精力提供下一步的方案，或是因为他没有实际接受过销售训练，抑或是因为他的结论只是基于自己参与的 X 公司项目，由此草率地认为合伙人的销售活动不足就是续约率下降的主要原因，所以并没有深入思考这之外的复杂因果关系。

那么，大公司客户的续约率降低还可能有哪些原因呢？值得关注的是，中小企业的续约率一直以来都没有明显的变化，但在大企业客户中，越是发展历史悠久的公司，续约率就越低。若山认为这仅仅是因为"越是历史悠久的客户公司，越会有咨询公司对其进行上门销售"，但事实真是如此吗？

比如，有这样一种可能，即 AZ 解决方案服务公司的"商务礼仪很糟糕"。商务礼仪指的是促进商务活动顺利开展的态度与智慧，包括遵守合约期限、尊重客户的企业文化与办事方式等。说得更具体一些，比如有些企业会认为在会谈中不系领带、用邮件传递重要信息都是不礼貌的。这种在其他企业可以接受的"随意"行为，在"传统"的企业中就可能会被厌恶。这便有可能成为客户公司注重的服务内容之外的内容。

我们过去所做的调查显示，客户续约率低与商务礼仪也有关联。即使服务本身无从挑剔，"没礼貌"也会降低顾客对公司的信赖程度。刚才提到，"越是历史悠久的企业，续约率就越低"。这很可能就是因为，越是历史悠久的公司，对礼仪方面的要求就越高，这与我在第 204 页中说明的"遗漏第 3 因子"是有关的。

由此看来，AZ 公司的业务被 Y 公司抢走，有可能就是因为客户对服务质量之外的部分产生了不满，而 Y 公司正好在该方面做得很好。这样一来，"原因在于销售环节"可能就是"最后的稻草"，是一种错觉。

如果真是如此（即 AZ 公司员工的商务礼仪不足是原因之一），即使合伙人大幅度加强了销售活动，很有可能也无法使问题得到根本的改善。因为如果不提高项目成员的商务礼仪，问题就会一直存在。

如果进一步假设这是最大的原因（即 AZ 公司员工的商务礼仪不足是最主要的原因），那我们就需要进一步探索原因，探索出为什么项目成员的商务礼仪不足。这一问题可以有各种各样"更本质的原因"，比如员工工作繁忙、行为冲动，公司尚未从与中小企业合作的思维方式中跳脱出来，抑或是因为全体员工都坚定地认为"只要服务好，客户就会满意"。

如果最后一个要素是最根本的原因，那这就事关企业文化这一企业组织的根本内容，主要是源于管理层的思维与行为。

当然，说到底这只是其中的一种假说，原因还有可能是其他要素。比如，对合伙人的评价标准过度偏向新客户的销售额。或者，在评价直接负责项目的项目经理时，未将既有客户的续约率列入考核标准。结果，公司上下不追求高续约率，无法彻底解决大企业的复杂问题。

此外，还有可能是因为 AZ 公司实际上不具备其所认为自身拥有的、足够的、能满足顾客需求的实力。也就是说，虽然 AZ 公司还能不断接到复杂的大项目，但这说不定只是得益于良好的市场大环境。良好的市场环境能为其带来源源不断的"项目"。

无论如何，如果轻易地被眼前的现象所迷惑而忽略了真正的因果关系，我们便无法采取有效的行动。为此，需要从各个角度假设出各种因果关系，并在验证的基础上采取相应的行动。这样的方式才更有效。

第 4 章总结

- 把握因果关系指的是,明确影响某一输出的要素是什么。把握因果关系会在解决问题的过程中发挥重要的作用。
- 在商业领域,我们很难完全地证明某一因果关系。因此,相比追求准确无误,我们更需利用推理、类推进行有效的思考。
- 在把握因果关系时,我们首先要将能想到的要素都列举出来。在此基础上,对特定要素进行深入的探索、挖掘,最终明确事物相互联系的结构关系。其中,把握因果结构、寻找改善效果最佳的"根本原因"、关注循环结构十分重要。
- 在把握因果关系时,根据直觉进行判断、遗漏第 3 因子、错误判断因果关系、"最后的稻草"等都是我们容易落入的陷阱。
- 在商务领域,除了因果关系,还有"目的与手段"关系。在应对这一关系时,真正的目的不为人知、手段的目的化、意料之外的副作用都是常见的陷阱。

第 5 章

补充论述：假说与验证

1 假说是什么

在接下来的内容中，我将对假说及其验证进行解说。

在第1部分的"理论的框架化"以及第2部分的"分析过程"中，"提炼出有意义的信息（反问自己 So what）"这一思考方式发挥了重要作用。在顾彼思开设的"批判性思维"这门课上，很多学生也都表示"很难从信息中提炼出有意义的内容"。关于如何"从信息中提炼出有意义的内容""建立假说，对其进行验证"这一思考方式十分重要。为此，在此次的修订版中，我新设了一章"补充论述"以说明"假说与验证"。

（1）假说的定义

和一般经管书中定义的"假说"一样，本书中的假说，指的也是广义上的"对某一问题的假设性回答"。

因为是"假设性回答"，在假说阶段，我们先不去管答案是否正确。毕竟在之后的验证过程中总会有反例出现。只要在那时迅速地加以修正即可。如果因为没能立刻给出正确答案而有压力，进而导致想象力受限，反倒不好。

话虽如此，我也并不是希望大家无穷无尽地发挥想象力、畅所欲言。

正如"针对某一问题"所言，前提是商务领域确实存在的某一问题。而那些无关"问题"的天马行空的想法，我们在此不做讨论。

此外，正如"假说"往往是以"假说与验证"这样的组合形式出现，与"验证"这一思考过程不可分离。这指的是，假说是否正确，总会在之后得到验证。某一假说究竟会成为非"假"的"确切答案"，还是会遭到否定，终归能得出一个明确的答案。为此，在表述假说时，我们要尽量选择能够验证的话语，而避免采用诸如"艺术是一种爆炸""顾客就是上帝"等说法，对这些语句的理解因人而异。即使它们本身具有深刻含义，称其为"假说"也并不合适。

（2）假说在理论框架与分析中的重要性

那么，"假说"在本书第 1 部分与第 2 部分中扮演着怎样的角色？

假说的提出，是在提炼主要信息与关键信息时进行的。举个例子，如图表 5-1 所示，对于"是否应该退出 A 业务市场"这一问题，我们主要基于"市场""竞争""公司"这一框架进行思考。而对于位于金字塔模型"顶点"的主要信息以及三个框架对应的核心信息，我们都可以建立相关假说。

下一步，关于已建立的假说，则需思考"为了证明这一假说是正确的，我们需要证明什么"，在此基础上寻找是否存在相应的事实可以支撑该假说。这一过程便是"验证"。

图表5-1　金字塔模型与假说

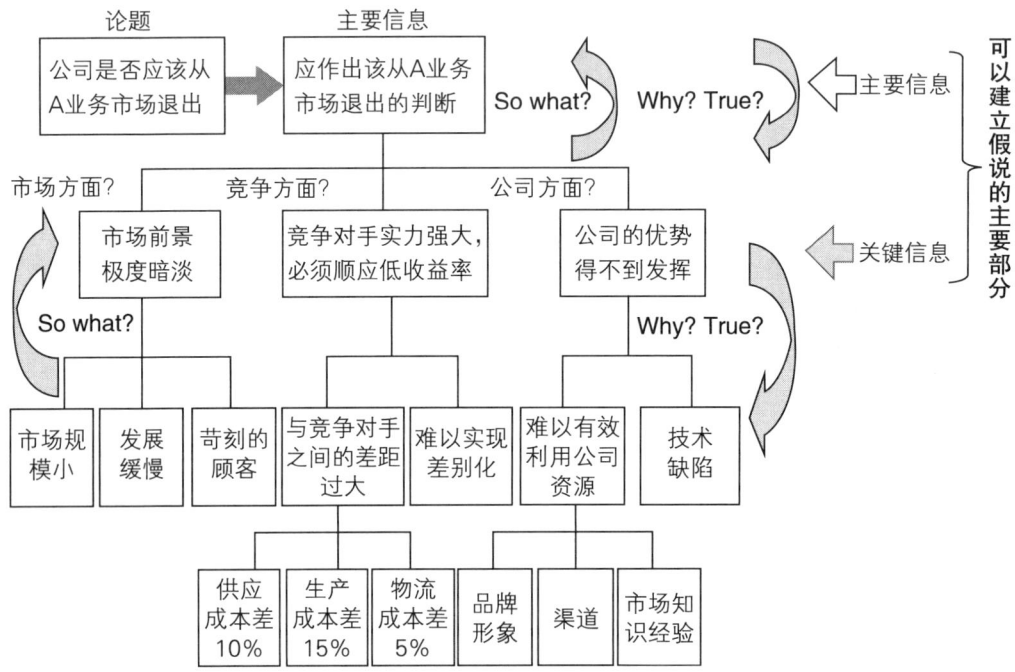

像这样，在运用金字塔模型搭建思维框架的过程中，假说验证与之密切相关。关于第1章中介绍的金字塔模型的搭建步骤与假说验证的具体对应关系，我将在下一小节中详细介绍。

在假说与验证的过程中，我在第2部分介绍的"情况分析"可谓随处可见，主要出现在以下内容中。

首先，在初期提出较为粗糙的假说时，整体地把握、整理现状是十分有效的。此时，有利于我们俯瞰整体框架的相关知识便能发挥作用。比如，在上述"是否应该退出A业务市场"的案例中，我们使用的就是"3C"框架。

在验证的过程中，我们需要思考"为了证明这一假说是正确的，我们需要证明什么"。此时，我们就需要做到按属性无遗漏、不重复地区分各项信息，并在此基础上找到好的切入口。假设在上述案例中，"公司"对应的假说可为"我们公司的强项没有得到充分的发挥（可能）"，那我们就需要进一步思考如何切入才能明确公司的强项、最合适的切入口是什么。

进一步，为了让假说变得更为细致、严密，我们可以对其进行阶段区分、切换模式、梳理因果关系等。

2 建立假说

(1) 假说与验证的步骤

假说与验证的过程往往与我们之前提到的金字塔模型的搭建密切相关。为此，我们将参照第 1 章中金字塔模型的搭建过程来详细说明假说与验证的步骤（图表 5-2）。

①基于论题与框架思考问题

首先，我们要明确自己是针对哪个问题建立假说。以 51 页的金字塔模型为例，"是否应该退出 A 业务市场"便是我们可以提出相关假说的问题。同时，对于主要框架"市场""竞争""公司"三者，我们也可以分别建立假说。比如"市场环境是否良好？""与竞争对手相比优劣势如何？"以及"公司自身是否有供给能力？"等。如果再具体一些，我们还可以针对金字塔模型的下一层级继续展开提问，但大致上只要对基本框架进行提问、假设即可。

在第 241 页中，我将提到这样一种情况，即"提出了很多的假说，但所有的假说都偏离了我们应该思考的论题，结果导致所有的假说都没有派上用场"。为了避免这种情况的发生，上述基于论题与框架思考解决问题的步骤至关重要，也就是要"明确提出假说的出发点"。

图表5-2　金字塔模型的搭建步骤与假说验证的步骤

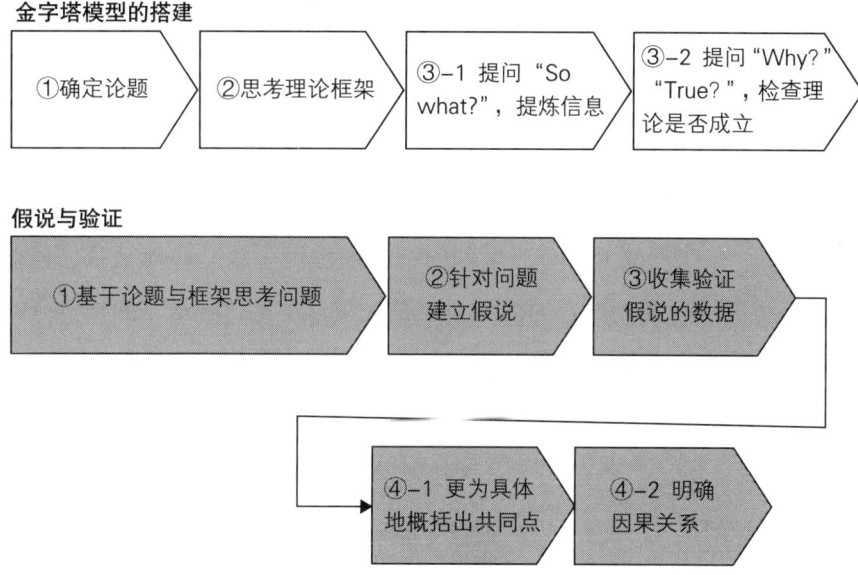

②针对问题建立假说

有时候，我们可以将论题套入已知的一般理论中，以此来推导假说。此时，我们要避免陷入第2章中列举"演绎思考的陷阱"时提到的"规则与案例的错误匹配"问题。也就是说，我们要明确，将论题套入某一理论究竟是否合适。

此外，我们还可以通过观察一系列的具体事物，基于其中的共通点得出一般结论。此时，我们要避免的便是"归纳思考"的陷阱，即"轻率的一般化"（第112页）与"不恰当的采样"（第116页）。

事实上，在建立假说的过程中，相比有意识地区分使用以上两种方式，我们更多会在无意识的情况下将两种方式进行组合。比如，大和运输的前社长小仓昌男在访问美国曼哈顿时发现，UPS的配送车会分别停在街头岔路口的四个角上。于是他开始猜想，"日本的小宗商品配送服务如果能像这样提高据点的分布密度，应该也会大获成功"。他由此决定开始在日本开展"宅急便"业务。如果对这一过程进行分析，我们可以将其看作归纳思考与演绎思考的结合。通过观察停在街头各处的快递配送车，小仓归纳性地得出了"曼哈顿的庞大快递需求实际上需要这么多的配送车同时揽收、发货"这一结论，并在此基础上，对一系列的一般理论进行演绎性地结合，包括"在配送服务业中，成功与否的关键在于是否超过了每台配送车的损益分歧点""快递车在揽收货物、发送货物时，运输的距离越短越好"以及"东京商务街区的构造大致与纽约相同"等。

还可以给大家举一个例子。日本迅销公司[①]的柳井在构想休闲服装店时看到了日本的书店、唱片店。由此，他获得了启发，"即使没有热情的导购，只要我们将丰富的商品以一目了然的形式摆放在店内，顾客通过自主服务便能完成消费"。他认为，这样一种模式也能套用到休闲服的售卖当中。

我在本书第81页提到过"创造性的提升"。"针对问题建立假说"正是我们需要运用逻辑推理发挥创造性的一大步骤。有许多技巧可以帮助我们提出新颖的假说。比如，对固有观念与已成为思考前提的常识持怀疑态度、有意地替换新的前提以及否定前提等。此外，我们甚至还可以用已知的规

[①] 迅销公司（Fast Retailing）是日本的零售控股公司，持有的知名品牌包括UNIQLO（优衣库）等。——译者注

则去套用新的事实，看看是否能够得出新的内容。同样，在归纳思考中，我们可以针对那些基于一系列情况得出的想法反复地问自己"那又怎样了（So what）"，以此不断提高创造性。

③收集验证假说的数据

思考"如果要证明所建立的假说是正确的，我们需要证明什么？"并寻找相关数据。

让我们试想一下，如果要证明"这一市场充满了吸引力"，我们需要证明什么？此时，我们可以想到该市场的规模、未来的增长速率、竞争环境的激烈程度、是否存在进入壁垒等。所以，只要分别收集这几个方面的数据，在此基础上进行解说即可。

有时候，我们只要找到一两组相应的数据，便可以证明相关假说。当然，也并非都是如此。比如，对于"与以往相比，现在的小学生越来越不在家学习了"这一假说，如果我们能找到相应的调查结果，便可在一定程度上对其进行验证。但是，如果我们从商业的角度深入来看，比如得出的假说是"面向小学生的家庭学习支持服务有很大的需求"，那我们就需要用其他角度的数据予以验证。比如，家中有小学生的家庭数量与其可支配收入、父母对孩子的学习任务量的认识、小学生的日常时间安排等。

像这样，随着要点的增多，数据收集所需的时间、难度会不断增加，遗漏验证所需内容的危险也会不断增大。为此，我们首先需要把握住大致内容，即"要证明这个假说是正确的，我们需要把握哪一方面的内容"。

如果获得的数据不符合假说的内容，我们就需要修正假说。正如我在前面提到的，假说可以通过修正不断完善，成为更准确的假说。总之，因畏惧修正而停止思考是不行的。尤其是在人拥有"证实性偏见"这一倾向的情况下（我们更是要对停止思考的行为保持警惕）。关于人类的这种倾向，即只关注与假说相符的事实情况而轻视与假说内容不符的事实这一倾向，我将在之后的内容中详细介绍。因此，我们需要特别注意，不要遗漏那些可能会反驳假说的事实。

④改善假说

如果我们在一定程度上验证了某一假说，就需要进一步改善假说以提出更为准确、合适的假说。具体可分为以下两大方向：

④-1 在归纳思考时，更为具体地概括出共同点

④-2 明确因果关系

④-1 在归纳思考时，要更为具体地概括出共同点

比如，《有远见的公司》的作者 J. C. Collins 为了调查卓越的企业，对业绩位于排行榜前列的企业 CEO 进行了问卷调查，从中确立了 18 家"有远见的企业"。在此基础上，他归纳出了"卓越企业"的共同点。

但很多读者都提出，"那些已经是很优秀的企业了，一般企业达不到那样的水平"。为此，在新的一版中，作者决定进一步缩小范围，选定调查对象，比如那些"长期发展平凡但在某一转折点后实现了飞跃性发展的企业"，以寻找出其中的共通点。此次调查结果便是《有远见的公司 2：实现飞跃的法则》。

在《有远见的公司 2：实现飞跃的法则》中，作者主要是以"股票估值曾连续 15 年低于市场平均水平，但在转折点之后连续 15 年高于市场水平 3 倍"为共同点对企业进行筛选。通过将符合这一条件的企业与那些处于同

一业务市场内、转折点时拥有同等机会、资产也不相上下却没能实现飞跃发展的企业进行比较，得出了"从成功企业到卓越企业的法则"。

由此可知，通过更为具体地概括出共同点，我们建立的假说将更具创新性，且更有助于我们决策并采取行动。

④-2 明确因果关系

在上述《有远见的公司2：实现飞跃的法则》中，我们可以发现，实现了飞跃发展的企业都有一个共同点，即转换期均由"第5水准"的领导者领导（"第5水准"指的是同时拥有谦虚品质与职业人意志的性格）。在这里，你可能会对其中的因果关系产生疑问："为什么'第5水准'的领导者就能实现飞跃性发展？"

我们在④-1提出的假说，即使已经完善到十分具体的程度，也只是停留在描述事实关系的阶段。如果能进一步明确这一事实关系背后的因果关系，其在商务活动中的再现能力便会得到提升，由此创造巨大的价值。

明确因果关系，具体可采取以下几个步骤：

- 进一步观察作为"成功案例"的企业，找出它们实施的策略的共同点
- 另一方面，从一般"某领导者若是想要实现业绩的飞跃提升，哪些要素是有效的"这一角度出发，列举出其他可能存在的因果关系
- 如果找到了对应上述两项内容的因果关系，则需进一步验证在"失败案例"中不存在这一因果关系

在自然科学的世界中，如果我们能明确某一因果关系并对其进行严密的验证，相应内容便能成为"法则"或是"定理"。但在商业世界，我们并

不过分追求验证的严密性。换句话说，只要能完成一定程度上的验证，我们便应立即将这一假说运用到实际的决策、行动中去。

如步骤③、④所示，为了提高假说的准确度、使其更容易运用到商务中，我们需要通过假说到验证的循环来不断改善假说。循环具体是从"初期的粗略假说"到"粗略验证→更为详细、具体的假说→大致验证……"（图表5-3）。

图表5-3　从"初期假说"到"详细的假说"

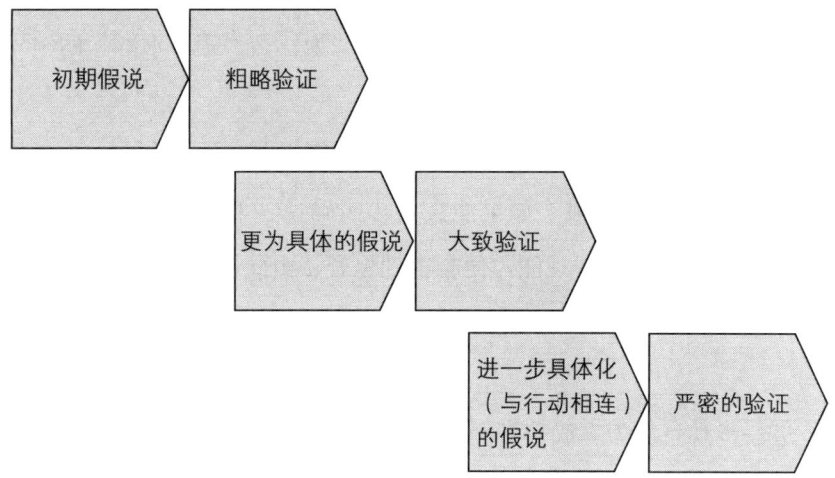

（2）在思考的基础上建立假说的效果

建立假说并对其进行验证，这将以各种各样的形式帮助我们在商务活动中进行"思考"。那么，它会为我们带来怎样的效果？具体可归纳为以下三点。

①行动与决策的速度得以提升

对于现代商务人士而言,速度至关重要。我们必须在有限的时间内迅速地做出决策,落实于行动。我在第1章中介绍过金字塔模型的搭建,即首先要尽可能地收集信息,然后要仔细地对其进行分析、解释,不断重复。即使是在这一过程中,也常常会出现时间不够的情况。此时,如果我们能在收集、了解一定程度的信息之后,不断地提出相应的假设,在此基础上试着搭建出金字塔模型,然后收集验证所需的信息,将大大节约所需的时间。

②对论题的理解得以加深,论点的说服力得以提高

首先,建立一个假说。紧接着,为了提高我们对假说的接纳程度或是增强假说对他人的说服力,我们需要收集、细查信息,判断信息的恰当性。假说与验证这一相辅相成的过程对应的正是在金字塔模型中加强某三角关系的过程。通过不断积累、重复这一过程,我们对论题的思考会不断加深,论点的说服力也会不断增强。

③对周围事物的关注度、问题意识得以增强,思路得以拓宽

如果一直都只是偏向于"先收集信息,然后对其进行解释、思考、总结"这一过程,我们便会过度依赖于那些我们原本就关注的、对其已有相关了解并抱有问题意识的领域。

此时,如果能加入"提出假说并对其进行验证"的环节,我们的思路便能不断拓宽。因为在不断思考"如果要证明这一假说,我们需要什么样的信息"的过程中,我们需要接触各种各样没有关注过、未曾抱有问题意识的新领域,且需从各种各样的角度看待事物,获取各种各样的知识。

3 要建立"好假说",我们需要什么?

正如我在前文所述,从初期浮现的粗略假说到有利于我们进行商务活动的"好假说",我们需要不断重复假说与验证的过程。但是,这并不意味着仅凭不断重复假说与验证的过程,我们就能提出良好的假说。

(1)"好假说"是什么

我在前面的内容中提到过,本书中的"假说"指的是"对某一论题的假设性回答"。那么,"好假说"究竟是什么?用一句话概括,即"关于论题有意义的假说",但就其构成要素而言,又可大致分为:①具备新奇性、独特性,②不"偏离"论题,③有利于具体的行动、决策这三点。

①具备新奇性、独特性

对于那些过于理所当然、在各种场合中频繁出现的陈词滥调,我们往往没有必要特别提出。比如"如果能够实现与竞争对手的差别化,我们的产品就能大卖""今后的招聘需要在全球化视野下进行"等假说,虽说都言之有理,但我们也不得不承认,它们都属于常识性的内容、缺乏附加值。

在商业中，我们需要的是具有新奇性、独特性的假说。"新奇性"指的是，相比既有的常识、法则，能从新的视角、基于新的观点提出假说。而"独特性"指的是，发现在某些限定的情况下无法套用一般理论，而需添加其他条件。

这里需要注意的是，"具备新奇性、独特性的假说"并不一定要将假说描述得越详细越好、越复杂越好。举个例子，对于"如何才能实现 A 液晶电视与其他竞品的差别化"这一论题，假设现在"通过画质来实现差别化"这一假说已经过时，我们需要对此提出新的假说。然而在这时，我们往往会以过往的常识、通论为基础进行思考，仅仅是试图将原有的理论变得更严密、更复杂。比如将原有的假设修改为"动画场景下的画质""'眼尖'的中老年观众感受到的画质""播放 3D 电影时的画质"等。这些修改有时也是行之有效的，但提出全新的视点、评价标准，比如"相比电视的画质，我们更能在操作性能方面实现差别化"，或者否定一直以来的常识性观念、简化假设，比如"我们无法在画质上实现领先"，这些作为假设也很有价值。"新奇性"也是一样，只要能与当前处于主导地位的认识不同即可，没有必要提出"完全新颖的假说"。

②不"偏离"论题

即使假说在一定程度上具备了新奇性、独特性，如果偏离了论题，终归也是没有意义的。

偏离论题有两种情况。其一，比如原论题明明是"当下对所录用人才的要求是什么"，提出的假说却是"被录用之后，新员工在集体培训中的表现十分重要"等完全无关的内容。

另一种情况，即局部"偏离"。这指的是，在对事物进行阶段性区分之后，混淆了自己所说的是哪一阶段、对谁而言的内容。比如在刚才"当下对所录用人才的要求是什么"这一论题下，有人却提出了"通过社交媒体进行招聘活动比较好"这一关于招聘方法的假说。

③有利于具体的行动、决策

与学术性假说不同，商业假说的特点在于追求一定的成果。换句话说，商业中的论题往往要回答："通过思考出这一内容，可以获得怎样的成果？"

这样想来，好的假说，则需成为具体行为、决策的明确方针。因为具体的行为、决策能够进一步导向成果。或者，该假说可以让人们获得某一巨大的成果。比如，对于刚才提到的"当下对所录用人才的要求是什么"这一论题，某一假说是"志愿者经历是一大参考内容"。从独特性以及"不偏离论题"的角度来看，这一假说可谓近乎完美。但由于该假说并没有具体指明应该给予该参考标准多大的重视程度（相比其他要素），例如参加了多少志愿者活动才算合格，所以从具体应用时的"明确程度"来看，仍需对该假说稍做改进。不过，若是"志愿者活动经历"加入评估标准能够提高录用员工的整体素质，且能大大提升招聘活动的效率，该假说也会因为"成果很好"而得到较高的评价。

(2) 如何才能建立"好假说"

为了建立好的假说，①经营管理的相关知识，②探知特殊点的敏感度，

③追求高质量假说的决心,具备这三点至关重要。

① 经营管理的相关知识

首先,关于经营管理,我们需要在以下两方面拥有丰富的知识储备,即关于经营架构、理论的知识,与关于经营管理实际案例'这样做就会得到这样的结果'的知识。

比如前者,有判断业内竞争环境的"五力分析",制定市场战略时的"4P"框架,现代金融理论,马斯洛的需求五阶段理论、认知、经验等。即使是行业、企业特有的"智慧""要点"等非普遍性的内容也包括在内。而后者主要是指过往各类公司的成功案例、失败案例之类。

上述信息大多来源于书籍、杂志,但也并非全是如此。个人在亲身体验中参透的道理很珍贵,职场上司以及业界领军人物的经验也会有很大的指导意义。

如果我们能在这些方面(经营管理方面)拥有丰富的知识储备并充分利用,初期假说向着好的方向发展的可能性也会大大提升。同时,我们也会更清楚地知道应该先调查验证哪一方面,更明确怎样行动才更有效率。这样一来,我们完成令人满意的假说的速度、假说的正确率都会得到提升。

② 探知特殊点的敏感度

第二点,探知特殊点的敏感度。正如我在第3章中所述,特殊点指的是"与规则、固有模式拥有不同特征的要素和案例"、例外的成功(或是不成功)案例、不符合预期的案例以及超过一般情况范围的数值。

我们如果只是依靠理论来建立、验证假说,大多情况其实都可以用既有的理论来解释。但这样一来，假说的新奇性、独特性便无从实现。而着眼于既有理论无法解释的事项，并尝试用其他"概括共同点的方式"或其他"因果关系"来解释，若能成功，有价值的假说便会诞生。德鲁克①在《创新与企业家精神》（钻石社刊）中也说，"越是预料之外的成功，越能帮助我们实现创新"。

那么，我们怎样才能获得感知特殊点的能力呢？关于这一点，并没有什么简单的答案可以告诉我们"这样做就可以"。但德鲁克在《创新与企业家精神》一书中提到，我们需要有认可意外成功的勇气、直面现实的态度以及坦率承认的谦虚。如果再做一些补充的话，可能还需要我们有意识地避免持有偏见，对特殊点抱有好奇心。这些我在后面的内容中都会有所介绍。

③追求高质量假说的决心

第三点，追求高质量假说的热情、决心。如果要追求假说与验证的严密性，花多少时间都是不够的。即使我们能够做到适度地追求假说与验证的严密性，假说的完善过程（假说与验证的步骤④）也需要大量的时间。另一方面，因为是商业行为，人们对速度的要求自然也很高。换句话说，假说的质量与建立速度很大程度上都是我们需要权衡的。因此，为了提出高质量的假说，我们必须同时追求速度与质量两方面的内容，绝不能轻易放弃。

此外，我在②中提及的探知特殊点所需的要素，包括"勇气""直面现

---

① 彼得·德鲁克（Peter Ferdinand Drucker，彼得·费迪南·德鲁克，1909—2005），也译作"彼得·杜拉克"，现代管理学之父。——译者注

实的态度""谦虚""避免持有偏见""好奇心"等，都与我们看待问题、思考问题的态度相关。

这样看来，是否拥有足够动力驱使人们形成这些态度，也就是，是否拥有"追求高质量的假说"的意志和决心至关重要。

（3）如何创造建立"好假说"所需的环境

基于以上三个要素我们不难理解，咨询公司的员工可以在"建立假说"方面拥有丰富的知识、经验，有的甚至可以达到出书的水平。因为咨询公司：①积累了大量关于经营管理的知识（这里聚集着学习过各种经营管理理论的人才，这里积攒着过往各个咨询项目的案例）；②基于咨询经验，积累了探知特殊点的经验、技术；③为了不辜负顾客的强烈期待，公司上下都处在追求业绩、表现的高压之下。因此更容易同时具备上述三要素。

但是，建立假说绝非咨询公司的"专利"，一般企业也可以实现。

我们经常说，营造一个创新源泉涌现的环境很重要。若是将其与上述3个条件相结合，便形成了如下要求：

- 在这样一个环境中，团队中的每一个成员都能在一定程度上掌握业务所需的"思维方式"，亲身体验与过往的成功、失败案例也由此积累。
- 在这样的环境中，团队成员能毫无偏见地从各个角度自由地讨论论题。
- 在这样的环境中，组织成员能够互相影响、酝酿出追求高质量假说的热情与决心。

4 验证的注意点

假说提出之后，我们要进行相关验证，包括该假说是否有根据、是否会遭到否定等。此时，我们需要避免陷入以下情况。

（1）过度收集事实

在验证的过程中，我们很容易陷入过度收集事实的"事实中毒"。能收集到大量的相关数据的确是好事，但我们也要尽量避免这种情况，即无法分辨相关数据到底是支撑假说还是反驳假说，而只是任由时间不断消逝。为了避免发生这样一种情况，我们还是需要反问自己："为了证明这一假说成立，我们需要什么？"联系金字塔模型来说的话，支撑某一假说一般只需要 2 ~ 4 根支柱。

（2）过度追求精准

我们在商务中追求的验证的精度，与通过实验验证科学法则所追求的精度是不同的。很多情况下，我们在商务活动中并不追求 100% 的完全正确。这不仅是因为追求完美的验证本身需要庞大的时间，还因为很多情况下，"实验"本身是不可能实现的。在商务场合，准确性固然重要，但同样重要的还有速度。尤其是在假说的初期阶段，验证如果能有 7~8 成的准确率，我们就应果断地进入下一步骤。

相比一上来就针对某一论题提出十分详细的假说并对其进行验证，在开始时只提出大致的假说、对其进行粗略的验证，然后在此基础上循序渐进地提出更为具体的假说，进行更严密的验证，这种方式才更贴近实际。

（3）收集信息的陷阱

收集信息的手段有很多，包括查阅统计资料与问卷、进行访谈、定点观察等。在进行问卷调查与访谈时我们应该注意的是，调查对象的回答会偏向他们容易想起的信息（近期效果等）。为了避免发生这一情况，我们可以进行隔天的、多次的调查，以及尽量让调查对象多元化。

除了问卷回答者，近期效果也会发生在进行现场观察、定点观察的思考者自己身上，为此需要多加注意。

（4）解释与判断的陷阱

在收集完信息之后，我们要对信息及其分析结果的含义进行解释、判断。在这一过程中，"先入为主的观念、执念"会产生一定的影响。比如，如果听到"在涩谷对女高中生进行了问卷调查"，人们便马上会认为，回答者一定都是一些"对时尚与流行十分敏感、贪玩……"的时髦女生。这种在预测中过度放大某一事物代表属性出现的概率的思维，被称为"表征直觉推理"。事实上，这种现象十分常见。有时候，它会大大提升我们思考的速度、效率，不能对其全盘否定。但是，它也有可能会让我们遗漏那些本应注意到的变化、特殊点。为此，我们还是需要谨慎对待。在这种情况下，像搭建金字塔模型一般，将逻辑推理的过程可视化、对"隐藏的前提"进行怀疑等，都有利于我们发现自己在不知不觉中陷入的直觉推理陷阱。

此外，在验证的过程中，"只认可那些符合自身假说的信息而无视、轻视不符合自身假说的信息（证实性偏见）"以及"明明发现了某一变化、特殊点，却仅仅将其当成例外（正常化偏见）"的做法也是我们需要避免的。

（5）过度追求肯定的结果

这与我们之前提到的证实性偏见也有一定关联。也就是说，存在这样一种陷阱，即一部分人会偏执地认为必须证明最初建立的假说是"正确的"。为此，如果收集到的数据与假说内容不符，他们便会立即重新收集数据，或是明知论据不足却依然嘴硬、诡辩。而这往往是源于人们不想承认自己的假说是错误的这一心理，或是因为他们执着地认为，既然是商业领域的假说，其内容必须积极向上。

但是，由于假说的正确与否本身就不确定，验证结果否定了相应假说的情况也是充分存在的。并且，即使得到的结果是"假说无法得到证实"，它对我们也是有价值的。相比过度拘泥于结果的好坏，修正假说、从别的角度重新建立假说等迈向下一步的行为都将更具建设性。

专题：假说验证与企业战略

在本书中，关于验证所要求的精度，我解释了"与科学不同，商业领域的验证并不要求 100% 的正确"，但这并不意味着"验证环节只要糊弄过去就好"。尤其对于那些与具体措施有关的假说，我们需要事先通过一定的"实验"确认其是否正确。

不过，实验是否可行，也与所属公司的环境相关。在制造商的质量管理、研究开发部门，通过实验便能很容易地观测到数据，比如可以通过实验验证"如果改变这部分的熔接强度会怎样"。此外，在麦当劳、7-11 等充分利用顾客购买信息的行业中，各公司都在"如果在这片街区的这个地段开店，销售额可以增长多少""在周几的几点摆出这一商品，它的销售额才会提高"等方面积累了丰富的经验，并且这些公司都具备有助于验证新假说的良好环境。比如在提出新假说时，他们会在部分门店进行实验，然后得到相应的反馈结果。网络广告公司也是一样，对于"怎样才能进入检索结果的前几条"，他们都可以通过实验来验证假说。

但另一方面，还有很多公司没有相关的信息储备，没有进行实验的环境，甚至想要验证假说时也只能做到访谈相关人员这一步。反过来说，如果这些行业的公司能够引进相关办法来提高验证的精准度，他们很容易就能形成自身的竞争优势，且很难被对手模仿、抄袭。要让企业在竞争中脱颖而出，提高个人的思考能力固然重要，但仅凭这一点远远不够。我们还需要积极地提出假说、提高假说的质量与验证的精准度，并将这一流程完美地融入组织架构中去。

第3部分

案例分析
（综合练习）

案 例

【场景1】

A公司是日本某综合商社集团的子公司，主要负责服装的生产、销售。濑川藤已在其中担任人事部总监，主要负责员工培训的策划。1年前，他在一家餐饮连锁店的人事部工作。当时，该餐饮连锁店正处于飞速发展时期。之后，为了自身未来的职业发展，濑川跳槽到了A公司。

一天，濑川被直属上司儿玉顺三部长叫到了会议室。当时，人事部的另一名员工，负责管理职员分配的宫本沙织也在。

"你们两位可能已经知道了，我们公司这几年逐渐出现了中层管理人员不足的情况。虽然直接招聘了很多管理层的人员，也积极地提拔年轻员工，但因为辞职人数实在太多，始终弥补不了相关职位的空缺。这次公司决定重新搭建新的组织架构，但大家对人手不够的情况更不满了。董事会要我们提出一个能够彻底解决问题的方案，希望你们两位能够给我一个初步方案。"

回到工位上的濑川决定马上跟宫本商量一下今后的讨论安排。宫本虽然比濑川小两岁，但在人事部待的时间比濑川长。濑川来公司之后，很多事情都是宫本告诉他的。所以两个人都很了解对方的脾气。

"真是给我们派了一个难度很大的任务呢。彻底的解决方案……从哪里入手比较好呢？"

"首先要明确一下原因吧。这样一来就能知道相应的对策。为什么会出现中层管理人员不足的情况……我们先把能想到的原因都列出来吧？"

"嗯，那就开始列吧！"

"按照我个人的想法,现在的管理层都是当年大学毕业正赶上泡沫经济破灭后就业冰河期的人,当时各个公司都在减少自己的招聘人数。可以说,现在的情况在当年就埋下伏笔了。"

"的确如此,不过已经发生的事我们没办法改变。话说回来,我们已经通过下调升职年龄、直接招聘管理层等方式来应对了吧?"

"但就像部长说的,不干的人太多了,始终还是人员紧缺。"

"为什么大家会突然不干了?"

"唔,其中一个原因应该是经济不景气吧。大家都对自己的未来感到不安。"

"但这样不是更不应该辞职吗?"

"也对哦,被你这么一说,我也觉得反了。而且现在很多人都不想升职。所以啊,好不容易升了职,他们也会说想要更加珍惜自己的时间,都选择辞职。"

"为什么大家不想升职?"

"虽然公司对管理层的要求会更严格,但相应的,管理层的工资也会提高。我觉得最大的原因还是在于大家看不到公司的未来。"

"我这样说虽然有点那什么,但公司不是一直以来都这样'稳定'吗,没有什么飞速发展。"

"这倒也是,那么就是时代的潮流不同吧,现在的人都没什么欲望。"

"如果是这样的话,我们要采取什么策略?真是好难。"

濑川、宫本的思考方式有问题吗?

解析1

相比马上思考对策,两人能够想到要从原因入手,这一点很好。但两人的对话从中间开始出现了"偏题"。在这一案例中,论题本应为"为什么中层管理人员会不足",两人却逐渐讨论起"为什么员工会辞职"。按原先的思路,两人应进一步分析"中层管理人员不足",在此基础上寻找原因,采取相应对策。

"今天就先讨论到这吧,我们都各自再想想,之后再讨论。"

就在两人定好下次讨论的时间,准备结束今天的讨论的时候,儿玉部长出现了。听完濑川关于讨论内容的汇报,儿玉部长一脸凝重地说道:

"这次任务同时也是董事会下达的,所以我们人事部必须要拿出解决方案。'因为经济不景气、前景不明朗',这些都不是董事们想要听到的答案。濑川你以前不是说参加过关于思考方法的培训吗?所学的都要用出来啊!"

"是参加过,当时说,在面对这样的问题时,首先要明确论题,然后要思考'思考的框架'。那我重新想想。"

【场景2】

第二天,濑川和宫本又进行了一次单独讨论。

"我们这次应该探讨中层管理人员不足的问题。按照公司的人事制度,这里所说的中层管理人员可以定义为'课长'。有的部门也叫团队负责人、经理,总之都是指部长以下、主任以及代理部长以上的职位。以大学本科毕业的新员工为例,最快也要干12年才能到这个位置上。而关于此处'不足'的定义,我们必须时刻牢记在心。"

"这就是明确论题,对吧?"

"没错。论题明确了之后,我们就应该决定思考框架。这是为了让我们不漏掉那些应该考虑到的要点。"

"原来如此,那么怎样的框架比较好?"

"这就是难点所在。在员工培训中,我们说经理要有'Will and Skill',也就是干劲和能力。能力又进一步分为'概念化技能/人事技能/技术技能'。"

"这个思路很好啊。总之从数据分析开始吧。"

"有道理。我们在管理层培训时也保存了相关评价的数据,就从这些数据入手吧。"

濑川、宫本的思考方式有什么问题吗?

解析2

因为先是分析阶段,也就是寻找问题所在的阶段,所以我们要从"输出"(结果)开始分析。濑川提到的经理能力的分类虽然可以作为一种框架,但相比"输出",更偏向于"输入"。

在这个案例中,若要更具体地定义"不足",就是指有能力获得管理层职位的员工(或者说候选人)数量不足。所以,我们首先应该思考,如何对适合管理层职位的人、管理层候选人的递增递减倾向及其分布进行分析。

【场景3】

几天后,濑川、宫本来到了人事部办公室旁边的会议室。濑川看着电脑屏幕对宫本说:

"儿玉部长真是给了我们很多指导,着眼于'输出'这一点的确让我们打开了新思路。"

"没错,之前每天想的都是,应该把谁调到哪个部门……竟然从没想过公司上下总共有多少适合进入管理层的人、有多少个管理层职位。"

"我对数据进行了一些处理,刚才用邮件发给你了,你打开看看?"

濑川做的表中显示了最近几年的职位数量、升职人数、社招人数的变化情况(图表案例分析-1)。

图表案例分析-1　职位数量、升职人数、社招人数的变化

(单位:人)

年份	课长职人数（年末）	课长辞职人数（年度内统计）	晋升为部长的人数（年度内统计）	新晋升为课长的人数（年度内统计）	其中社招课长的人数	课长候选人（下一年度之后满足升职条件的人选）（年末）
2007	120	6	5	11	3	15
2008	125	10	6	21	7	10
2009	125	11	5	16	7	15
2010	132	8	4	19	5	12
2011	132	11	5	16	7	12

"那么,我们能够根据图表得出什么样的信息?"

"虽说'人员不足',但因为不能让人员出现空缺,所以企业还是会采取相应措施。也正因如此,这张图显示的只是'人员充足'的状态。"

"所谓的'措施'是什么?"

"其一,储备干部,事先选出一批具有晋升部长的资质的员工。由于近几年部长以上的职位不会有空缺,所以正好。另一措施就是社招。公司从几年前开始逐渐放宽了升职为课长的条件。本来要有 5 年系长经验才能升职为课长。政策改变之后,只要 4 年就可以了。所以相比原先的 13 年,如今从大学毕业到当上课长最快只需要 12 年。"

"这样的话……不行不行!我们又跑题了!刚才说这数据只说明了'人员充足'对吧?这样一来,哪里可以看出实际上的'不足'呢?"

"你看,这边还有候选人数量的变化。如果将其与下一年度的辞职人数、课长职位数量的净增相比,就可以知道中层管理层的人数实际上越来越不够了。"

"原来如此。原来这一空缺是通过社招来填补的。所以现在的问题是,社招的人数不足?还是说不干了的人太多了?"

问题 3

除了上述思考,濑川、宫本还想从别的角度切入,进行深度的挖掘。可以有哪些切入口、切入方式?

解析 3

就职位而言,可分为销售/开发/采购等不同种类。我们可根据其对员工经验要求的高低进行区分,在此基础上进一步分析哪种职位更容易出现空缺。

此外,对于升职候选人,我们也可以根据年龄、进入公司的时间、擅长的领域等进行区分,以此进一步明确哪一类候选人较多(较少)。对于社招员工、辞职员工,我们也可以从同一切入口切入,借此明确相关分布情况。

【场景4】

几天后,濑川和宫本再次进行了讨论。宫本面露喜色,看上去十分兴奋。

"问题基本上明确了,关键就在于辞职员工的分布。虽然一直都觉得员工在升职为课长前后的离职率很高,但分类之后,这一倾向更明显了。"

"给我看看!"

"大学本科毕业、研究生毕业之后就进入我们公司的人,也就是那些'元老组'的员工,他们在升职为课长前,基本没有人辞职。但在成为课长后,辞职率开始升高。"

"原来如此。"

"另一方面,可以看出社招也并不完全是为填补课长候选人的不足。相较于此,公司每年也都会社招一些年轻的职员,他们的年龄从25岁以上就开始呈现出分散的趋势。然后是社招组,他们大多升为课长之前就辞职了。你看一下这张图。"

"啊,真的是,如果只看辞职员工的年龄分布还真看不出什么,但分成'元老组'和'社招组'之后,特征就变得很明显了。这个发现真的很有意义,话说你是怎么想到的?"

"刚开始按年龄、性别、部门等做了区分，但似乎都没什么明显的差别。就在觉得想不下去了的时候，我跟最近辞职的武山进行了最后一次面谈。他说：'刚毕业的时候，工作特别难找。在那种情况下公司还愿意招我，实在是对我有恩。但是……'于是我就在想，或许应该查一下大家都是什么时候进入公司的。在这一过程中就发现，事实上可以将员工分成'元老'和'社招'两组。"

"原来如此！果然在分析中不断试错也很重要。如果还要补充什么经验、教训的话，应该就是要关注日常工作中的细节？线索似乎都藏在细节里。"

"然后，关于为什么'元老'级的员工升职为课长后没多久都会辞职这个问题，我与很多人进行了面谈，得出了一个算是很有把握的假说。那就是，很多辞职的员工都认为，自己的能力还不够当课长。"

"是吗？但即使他们升职为课长，也并不会被调到自己完全没有接触过的部门当部长吧？"

"是的，从主任升到课长，大部分的人还会留在同一个部门里。例如很少有销售的人去会计部门。但是，一旦当上了课长，他们便对部门的成果负有责任，工作上还要和其他部门进行沟通，做出调整。所以从工作内容来看，作为管理层的工作任务与之前有很大不同，他们中的很多人应该是对这方面不太习惯吧……"

"如果是这样的话，我们要采取什么样的对策？就我个人的想法，应该要加强管理层培训，以此来提高他们作为管理层的能力，让他们有更好的心态。不过因为我一直都在负责培训这块，所以很清楚他们在培训中测出来的相关能力都不低。"

问题4

宫本对"够格担任课长却辞职的员工中，'元老型'员工在升职后辞职的情况比较多"这一现象的原因进行了推测。关于这一现象，还有其他可能的因果关系吗？仅基于案例中给出的信息也可以，宫本的想法是否存在问题？

解析4

根据案例中的信息可知，宫本主要是基于辞职员工在面谈中提到的辞职理由建立的假说。"当事人实际说的话"当然可以成为有力的论据之一，但需要注意的是，我们不能对其囫囵吞枣。当事人说的话确实都是事实（Fact），但他们未必会在面谈中说出自己的心里话。为此，我们有必要在这种情况下进行追问："真的是这样吗？"比如，员工辞职实际上是因为升职后的待遇不如业内其他公司。或者，因为课长的工作量、面临的评价压力过大而感到身心疲惫等。在明确因果关系的过程中，我们有必要检查、确认这些可能性。

【场景5】

除了元老组的分析，濑川他们还进一步分析了社招员工的辞职情况。分析结果显示，社招的一般员工主要是在升职为主任后的第2~3年辞职，而社招的主任级别员工主要集中在进入公司的第3~4年辞职。

之后，儿玉部长与人事部的其他负责人也加入讨论，整个讨论变得十分激烈。在此过程中，濑川深感运用具体数据来说明问题所在能够非常有建设性地推动讨论。因为不管是在他之前的公司还是在现在的A公司，关于人事制度标准及其修改的讨论总是很容易停留在抽象层面，为讨论而讨论。

在几轮讨论后，他们将要向董事会汇报的问题、对策整理成了如下内容。

▲ 关于元老组
- 相比参与公司的管理，一部分员工希望能精于自己的业务，以此为公司的发展做出贡献。但现在的人事体制未能为他们提供合适的工作岗位，只是一律地提供管理职位。随之，许多员工因没能在公司内找到理想的职位而辞职，而相关职位也出现了空缺。
- 因此，我们应该开设不同于管理职位的新岗位以供员工选择。在新的岗位上，员工可以继续提升自己的业务能力并借此提高自己的待遇水平。
- 而由此造成的课长人选空缺可以通过扩大社招的方式解决。

▲ 关于社招组
- 社招的员工大多在入职时就明确了自身的职业规划，所以相比元老组，他们中几乎没有人因为不期待管理岗位而辞职。
- 相比之下，他们更会对升职为课长所需的时间过长（从主任升为课长至少需要4年时间）抱有不满。因此，他们会有跳槽到别的晋升较快的公司的倾向。
- 因此，我们需要废除主任升职为课长的年限，让员工能够通过干劲、职位匹配度、业绩等因素在短时间内实现升职。这同样也适用于元老组。

上述对策不仅能降低课长、主任级员工的流失率，还能促进年轻员工得到提拔。这样一来，即使随着组织重建，课长职位会有所增多，我们也能更灵活地确保人才不流失。

在这次要点明确的会议即将结束的时候，儿玉部长对濑川说道，

"这次真是多亏了你，我们才能整理出这么多想法。干得不错！接下来向股东汇报的资料也拜托你了！"

"好的！明白了！"

"那我们要按什么样的故事线向股东汇报？"

"故事线？我以为现在这个资料就足够了……"

"不不不。突然从元老组和社招组说起，股东们肯定会一头雾水。所以我们还要考虑听众的感受，尽量让对方理解我们的思路。既然做了就要做彻底一些，你再想想吧。"

在向股东们汇报时，应该按照什么样的思路？（请基于案例信息进行思考。案例信息不足的方面，可适当发挥想象。）

解析 5

请参考以下内容。

【场景6】

那天晚上，留下来加班的濑川和宫本在寂静的办公室里聊起了天。

"部长也真是够慎重的。现在这个思路不是挺清晰的嘛——为了解决管

理人员不足的问题，我们将员工分成了元老组和社招组。而这样分类的原因是可以有针对性地解决各自的问题。"

"这一点上我挺能理解部长的担忧。他并不是说现在的故事线不清晰，而是因为这最终会关乎变更人事制度，所以我们要让整个说明更有说服力，让股东觉得'原来是这样！我们确实有必要调整人事制度'。"

"明白了。也就是说，到目前为止，我们主要将精力放在了分析和探究原因上，而股东这次想要的是方案，所以需要我们重点说明的方面也会有所改变。"

"我以前在批判性思维的培训中听过这么一句话，用于分析的思考框架不一定就是我们将分析结果传达给他人时用到的框架。指的应该就是这个。"

"那我们应该按照什么样的思路来说呢？"

"首先，我们必须要考虑清楚听汇报的都是些什么人。因为他们都是董事，所以会十分关心公司的经营管理。但是，他们又并不清楚人事制度的实际落实情况。"

"说的是。这样的话，我们首先要让他们理解这次的主要问题，也就是管理人员不足的问题，让他们意识到这一问题很有可能会对公司的经营管理造成非常严重的影响。也就是要让他们有危机感。"

"没错，就是这样。然后告诉他们，在分析问题的过程中，我们认识到应该解决这部分的问题……所以希望采取以下对策……大致是这样一个过程。"

"也就是说，虽然我们经常说'商务汇报要从结论说起'，但还是要根据实际情况随机应变，根据时间、场合来看。"

"补充一点，我们还需要注意自身所传递的信息的含义。尤其是说到

'由此可知，问题就在这里'的时候，不能让对方接下来只能接'做得不太行''还要加油'之类的话，而是要让对方知道某一问题会影响到整体，仅凭小调整是无法改善现状的。"

"那也就是说，逻辑推理的各部分也是一样，要事先设想出对方的反应并有目的地通过表达来引导对方的思考方向。"

图表案例分析 –2 是濑川当初思考的说明框架与实际提案时所用的框架的对比图。

【场景7】

过了一年多，濑川他们建议采取的新岗位（注重业务水平）制度也步入了正轨。该制度不仅成功地解决了组织架构变化带来的职位增加的问题，在社招方面也大大地提升了员工和公司双方的满意度。因为在该制度下，社招员工的数量不仅有了提高，员工在入职后的待遇也变得更加灵活。

此时，濑川又接到了来自部长儿玉的新指示。

"之前的新人事制度非常成功，经常在集团的管理会议上被当作成功案例讨论呢！虽然各公司社招人数的增加情况和升职条件还是会有所不同，但大家都对元老级成员的待遇安排、专职制度的导入有很大的兴趣。可以看到那些没有技术职位员工的公司，都像我们以前一样，也就是人事制度一律以管理职位为主。所以大家都希望我们能在下一次各集团公司人事参加的会议上做一个报告。报告的资料就拜托你了！"

"看来是一次隆重的汇报，很荣幸！"

"但需要注意的是，新人事制度说到底还是针对我们公司的问题采取的策略。虽然各公司都表示很有兴趣，但每个公司面对的情况、问题未必都相同。所以不是说这一措施对我们有效就一定能帮助他们解决问题。"

图表案例分析-2　向他人传递信息时的逻辑推理过程

之前思考的说明框架

- 我们将课长职位空缺的情况分成了"元老组"与"社招组"，在此基础上进行了分析并提出了相应对策
- 为元老组员工开设专门职位，让希望继续精于业务的员工可以有所选择
  - 元老组课长职位空缺的原因是……
  - 针对上述情况，……对策十分有效
- 对于社招组，废除他们从主任升职为课长的条件，让他们能在短时间内升职&扩大中途招聘的范围
  - 社招组课长职位空缺的原因是……
  - 针对上述情况，……对策十分有效

实际提案时的说明框架

- 近几年来，公司课长职位逐渐出现了空缺，这背后实际上存在着结构性要因。
  - 分析职位空缺现状可知……
  - 过去采取的措施是……但它们都不是根本性的解决方案
- 结构性要因包括：元老组中存在着不希望就任管理职的员工；社招组的升职条件过于苛刻
  - 元老组课长职位空缺的原因是……
  - 社招组课长职位空缺的原因是……
- 基于上述要因，我们认为为元老组员工开设专门职、放宽社招组职员的晋升条件限制与扩大中途招聘的范围等措施将十分有效
  - 对于社招组，……对策十分有效
  - 对于元老组，……对策十分有效

"嗯，我理解您的担忧。不过以我个人的经验来看，他们一定都会深受启发。因为我也是两年前从别的行业转到现在这个公司来的，所以我知道，即使是对不同行业的其他公司来说，我们的这一制度也能给他们很多

启发。"

"这样啊……那就请你多加思考了，非常期待你的资料！"

问题6

请先找到第261页"关于元老组"的对策。如果不局限于A公司的案例而以更普遍的观点对其重新解释，我们可以得到怎样的信息？

解析6

在日常的经营管理中，如果我们要解决某一具体的问题，所采取的措施就必须以当时的情况为基础。这是一个前提条件。否则，我们便很难想出十分有效的措施。但另一方面，将具体的条件抽象化，也就是将其归纳为"为了达成什么，所以我们要实现什么"也很重要。具体问题的解决方案抽象化之后，便可活用于其他情况当中。这就是所谓的"再现性"。

就案例而言，目的是"确保管理职候选人的质量与数量"，为此有必要"预防职位与员工资质不匹配"。因此，案例采取的措施是，"并非让员工一律就任管理职位，而是根据员工的个性、资质为其开设管理职位之外的岗位"，同时"不拘泥于员工是社招还是元老身份，增加适合管理职位的候选人数"。

【结论】

儿玉部长向各集团公司做的展示非常成功。集团中也因此出现了A公司的"追随者"。在年末的部门联欢会上，儿玉部长再次表扬了濑川和宫本。

"明明刚开始是因为调整组织结构出现了岗位空缺的问题，可以说是公司遇到的大麻烦！可现在一看，整个公司反而以此为契机变得更有活力了，你们真是完成了一项大工程！"

"您过奖了！关键要仔细分析问题所在，在此基础上采取相应的措施。说起来可能都是些理所当然的大道理，但我们确实深有感触。只要我们踏实地走好思考过程的每一步，就能让更多的人参与进来，让事情向好的方向发展。"

"没错，就是濑川说的这样。事实上，我和其他人经常会不知不觉地偏离论题，只考虑局部却忘了整体框架……这种时候，濑川都会告诉我们真正应该思考的是什么。"

"不不不，我一个人也是做不成的。没有和宫本的合作，没有包括部长您在内的人事部讨论，一定没有今天这个成果。正因为集合了大家的智慧，我们的行动才能得到广泛的认可、接受，认真思考的习惯带来的力量真是让人震惊！"

后　记

我在本书前言中也提到了，本书是 2005 年出版的《新版 MBA 批判性思维》的修订版。如今，市面上有很多以批判性思维和逻辑思维为主题的书籍，其中一些甚至成了畅销书。我们在商务活动中需要怎样思考？为什么这些思考方式很重要？我觉得如今的商务人士对这些问题的认知，确实都有了极大的提高。

不过，正如本书的执笔者们在批判性思维的研修、培训课程中经常提到的那样，"理解了"和"可以做到"是不一样的。即使我们对商务活动中应有的思考方式有了更多更深刻的理解，也未必能在商务一线灵活、充分地运用。所以从这个角度来看，提升空间还很大。

批判性思维是什么？正因这一概念在一定程度上得到了普及，所以越来越多的人也开始意识到，有些要点"即使理解了也难以实践"。其中最具代表性的就是思考回答论题的框架，以各种各样的切入口、切入方式分析现状，提出有意义的假说等。

在本次的修订版中，我们增加了对以上要点的叙述，对相关内容做了更详细的解说。这一改变是否有利于实践，还有待各位读者实践判断，我们衷心地希望能借此帮助您跨越"理解了"与"可以做到"之间的壁垒。

此外，随着对批判性思维的认知不断普及，越来越多的人也开始思考该如何将其运用到具体的业务当中。为了满足这一派生需求，顾彼思 MBA 系列丛书也出版了《顾彼思 MBA 批判性思维：沟通篇》与《顾彼思 MBA 商务写作》。前者旨在让读者们学习交涉、指导、会议沟通的技巧，而后者则能帮助读者学习商务文章的写作。如果您想要更全面地掌握逻辑推理技巧，提高自身的实践能力，强烈建议您也将这些书一并阅读。

顾彼思自1992年建立了面向职场人士的商务培训学校"Globis Management School（GMS）"以来，一直践行着务实的经营教育理念。

2003年4月，我们开设了"社会认知型商务培训学校"，并开始为学员授予独立的结业证书GDBA（Graduate Diploma in Business）。之后，在建设改革特别区的制度下，我们设立了"顾彼思商学院"，从2004年4月开始，学员可在此修得MBA学位。从2008年4月开始，顾彼思商学院开始向学校法人地位的商学院发展，不论是办校规模还是社会评价，都逐渐向日本顶级的商学院发展。继东京、大阪、名古屋之后，2012年，我们又在日本的仙台开设了校区。这也是为了支援日本东北地区的复兴。此外，我们也正在积极推进International MBA Program（IMBA）这一可用英语获得MBA学位的项目。2012年开始则会启动用英语进行的全日制MBA项目。今后，我们也会向着"亚洲第一的商学院"这一目标继续努力。

从1993年开始，顾彼思开启了企业内集中研修、培训的业务，旨在通过为企业提供实践型的训练项目，来帮助其强化组织能力。在这些研修中，我们会教授企业员工MBA课程所涉及的经营架构与逻辑推理、领导力的开发等。为了满足全球化需求，2012年前，我们在中国的上海也设立了事务所。

我们从1996年起开展风险投资业务。作为附加价值型风投，我们已经发展到了第3号基金，正在积极组建第4号基金。

此外，顾彼思也在积极出版经营管理的相关书籍，运营提供经营管理信息的网站globis.jp，开展会议运营业务等。

在全球化浪潮下，IT行业的发展与社交网络的普及，给商业领域带来了巨大的影响。人们一直以来奉行的成功法则与理论框架可能都不再适用。在这样的背景下，如果想要获得商业成功、引领社会发展，我们每个人都必须发挥自己的智慧，准确地分析、解释所处的环境，在此基础上提出面向未来的方针。

　　商务人士肩负着下一代的成功与命运，我们衷心地希望能有更多商务人士以批判性思维为武器，创造出新的价值，在引领社会朝着更好的方向发展上贡献出自己的一分力量。

顾彼思商学院

参考文献

バーバラ・ミント著、山崎康司訳、グロービス・マネジメント・インスティテュート監修 『[新版]考える技術・書く技術』 ダイヤモンド社、1999年

グロービス著 『グロービスの実感するMBA ビジネス仮説力の磨き方』 ダイヤモンド社、2008年

グロービス著 『グロービスMBA集中講義[実況]ロジカルシンキング教室』 PHP研究所、2011年

グロービス経営大学院著 『グロービスMBAクリティカル・シンキング コミュニケーション編』 ダイヤモンド社、2011年

グロービス経営大学院著、嶋田毅監修 『グロービスMBAビジネス・ライティング』 ダイヤモンド社、2012年

キース・ヴァン・デル・ハイデン著、西村行功訳、グロービス監訳 『シナリオ・プランニング』 ダイヤモンド社、1998年

三浦俊彦著 『論理学入門』 日本放送出版協会、2000年

野矢茂樹著 『論理トレーニング』 産業図書、1997年

E.B.ゼックミスタ、J.E.ジョンソン著、宮元博章ほか訳 『クリティカルシンキング入門篇』 北大路書房、1996年

E.B.ゼックミスタ、J.E.ジョンソン著、宮元博章ほか訳 『クリティカルシンキング実践篇』 北大路書房、1997年

大前研一著 『新装版 企業参謀』 プレジデント社、1999年

西林克彦著 『「わかる」のしくみ』 新曜社、1997年

苅谷剛彦著 『知的複眼思考法』 講談社、1996年

後正武著 『経営参謀が明かす論理思考と発想の技術』 プレジデント社、1998年

道田泰司、宮元博章著 秋月りす漫画 『クリティカル進化論』 北大路書房、1999年

戸田山和久著 『科学哲学の冒険 サイエンスの目的と方法をさぐる』 日本放送出版協会、2005年

执笔者介绍

【执笔、策划、结构设计】

大岛一树

毕业于东京大学法学院，于日本信用银行工作多年后进入顾彼思。担任讲师并负责思考类课程的教材开发。之后参与了面向外资生命保险会社银行窗口销售的研修开发。如今担任顾彼思出版局的图书策划、撰稿人、编辑。合著《MBA定量分析与决策》《顾彼思批判性思维·沟通篇》等书（均为日本钻石社出版）。

嶋田毅

毕业于东京大学大学院（研究生院）理学系研究科，之后进入战略咨询企业，负责行业、企业分析与战略的制定、执行支持。此后也曾在外资理化学仪器企业工作。现任顾彼思出版局局长兼总编辑、顾彼思编辑顾问。同时也在顾彼思商学院授课。著有《"实况"逻辑课堂》（PHP研究所）、《利益思考》（东洋经济新报社）、《提高商业假说力的方法》及《顾彼思MBA商务写作》等。

【策划支持】

吉田素文

毕业于立教大学大学院（研究生院）文学研究科教育学专业。曾就职于某大型私铁会社，之后进入顾彼思。现任顾彼思商学院副研究科长、株式会社顾彼思首席知识官（即Chief Knowledge Officer，出现于20世纪90年代早期，也叫知识主管或知识总监，是公司或企业内专门负责知识管理的行政官员——译者注）。负责研究开发逻辑思维、问题解决、沟通、经营战略、领导力、会计学等项目、内容的同时，也担任顾彼思商学院及企业研修课程的导师。

【执笔】

小林阿佐子

于京都大学农学部毕业后进入某食品公司的商品开发部工作，在产品企划、开发、制造等方面拥有丰富经验，参与了众多新产品的开发。现就职于顾彼思法人研修部，主要负责面向制造业法人公司的人才培养、组织开发的策划、设计。同时也负责批判性思维等思考类课程的内容开发、担任课程讲师。

中丸雄一郎

于上智大学经济学部毕业后，进入外资咨询公司公共服务组工作。曾参与日本中央省厅及司法机关的信息战略项目（包括战略制定及执行支持）及人事安排的流程改善项目等。之后进入顾彼思公司。现任思考组实务方面的负责人，主要负责思考类课程、项目内容的研究开发，同时也参与团队管理、思考类课程的研究、教材开发。

林浩平

毕业于庆应义塾大学经济学部。曾于咨询公司工作，主要参与日本官公厅与教育部门的战略制定、制度设计及执行支持项目。之后进入日资初创企业工作，该公司主要业务为企业的组织开发，包括激发员工动力等。现为顾彼思教员总部人员与思考类课程讲师，负责研究、教材开发、录用讲师、讲师培训等。

广田元

于东京大学经济学部毕业后进入金融机构工作。主要工作包括安排人事调动、校招、渠道开拓及新专门职人事制度的企划。之后在广告代理公司工作，负责所有人事工作的同时，也负责公司的管理会计，并为公司决策及子公司的经营管理提供支持。现于顾彼思负责面向法人公司的新项目商品开发、销售，同时担任思考类研究开发组成员，于顾彼思商学院任教。

以往版本执笔者

☐ 新版（2005年11月发行）
　执笔者：高森厚太郎
　执笔、策划、结构设计：东方雅美

☐ 旧版（2001年3月发行）
　执笔支持：河尻阳一郎
　策划支持：高桥俊之